GERHARD WEHR

Gefährten auf dem inneren Weg

Ausgewählte Beiträge zur Spiritualität

GERHARD WEHR

GEFÄHRTEN AUF DEM INNEREN WEG

Ausgewählte Beiträge zur Spiritualität

Königsdorfer Verlag

Die Jungfrau Sophia hat uns eine Rose verehrt;
von der wollen wir schreiben
mit solchen Worten,
als wir im Wunder sehen;
und anders können wir nicht
oder es ist unsere Feder zerbrochen
und die Rose von uns genommen.

Jakob Böhme

Umschlagmotiv: Sophia, Gottesweisheit, Ikone aus dem 17. Jahrhundert. Kirche der Hl. Barbara, Yandomozero, Karelia Region, Onega-Halbinsel

1. Auflage 2011

www.koenigsdorfer-verlag.de
koenigsdorfer-verlag@web.de

ISBN: 978-3-938156-24-7

Gesamtgestaltung: www.schneiderdesign.net
Druck: Finidr, Tschechische Republik

Bibliografische Information der Deutschen Bibliothek

Die Deutsche Bibliothek verzeichnet diese Publikation in der Deutschen Nationalbibliografie, detaillierte bibliografische Daten sind im Internet über http://d-nb.de abrufbar.

Inhalt

Zur Einführung

Wanderern auf unbekanntem Terrain tut es bisweilen gut, Wegekundigen zu begegnen, die in der Lage sind, Orientierungshilfe über Land und Leute zu geben. Das gilt im übertragenen Sinn auch für das spirituelle Unterwegssein. Dafür lassen sich viele literarische Zeugen benennen. Man denke nur an Bonaventuras «Pilgerbuch der Seele zu Gott» (*Itinerarium mentis in deum)* im 13. oder an «Die Pilgerreise» (*Pilgram's Progress)* des englischen Puritaners John Bunyan im 17. Jahrhundert. Immer sind Menschen willkommen, die aus eigener Erfahrung berichten können, selbst wenn ihr Erleben viele Jahre zurückliegt oder vor einem ganz anderen geistigen und gesellschaftlichen Horizont erfolgt ist.

Letztlich geht es nicht etwa darum, die eigene Vorgehensweise von anderen abhängig zu machen. Auch die Aufgabe des erfahrenen Bergführers besteht vergleichsweise darin, seinen Klienten der Situation angemessene Verhaltensmaßregeln nahezulegen; aber die Mühen des Aufstiegs, das Steigen und Klettern bleibt dem Unerfahrenen selbst überlassen. Belohnt wird dies Unterwegssein durch mancherlei Ausblicke und Einsichten, die sich auf dem Weg hin und wieder eröffnen.

Unter diesem Gesichtspunkt ist eine Reihe der nachfolgenden Texte zusammengetragen. Arbeitete der Autor im Laufe der Jahre an ausführlichen geistesgeschichtlichen und biographischen Darstellungen, so ging es ihm in kürzeren Aufsätzen oder Vortragstexten darum, einen ersten Zugang zu Personen und Gehalten des mystisch-spirituellen Lebens zu vermitteln. Dabei kann es sich naturgemäß nur um eine kleine Auswahl handeln, die zu weiterführender Beschäftigung einlädt.

Was nun die Beiträge dieses Buches anlangt, so ist eingangs an das sich ankündigende Interesse an der mystischen Tradition des Judentums zu erinnern, wie es an der Schwelle zur Neuzeit in Gestalt der Kabbala nach und nach auch für Christen in Erscheinung getreten ist. Zu den Pionieren unter ihren Vermittlern gehört der aus Pforzheim stammende Jurist Johann Reuchlin, ein naher Verwandter und Lehrmeister Philipp Melanchthons, der wiederum Martin Luther ratend und bei seiner Bibelverdeutschung belehrend zur Seite gestanden ist. Einerseits regte Reuchlin in Deutschland die Pflege des Hebräischen an; andererseits gehört er zu den Initiatoren einer christlichen Kabbala, in der jüdische Mystik sich mit neutestamentlicher Offenbarung verband.

Oftmals vertrat man die Meinung, Mystik sei vorwiegend, wenn nicht ausschließlich eine Sache katholischer und orthodoxer Christen. Von daher liegt es nahe zu fragen, inwiefern Martin Luther ebenso wie einige seiner leidenschaftlichen Kontrahenten, etwa Thomas Müntzer, vom Geistfeuer der Mystik angerührt und impulsiert worden sind. – Inwiefern dieses Streben im Zeichen eines Freiwerdens steht, wird an Sebastian Franck aus Donauwörth deutlich, der ebenfalls durch Luthers reformatorische Erkenntnis auf den ihm eigenen Weg gebracht wurde. Es gehört andererseits zur Tragik dieser Menschen, dass nicht wenige unter ihnen trotz ihrer reformatorischen Gesinnung, auch trotz eines mystisch-spirituellen Ergriffenseins miteinander zu einer vollen Gemeinsamkeit im Geist nicht finden konnten.

Eine zentrale Gestalt christlicher Mystik und Theosophie stellt der Görlitzer Schuster und inspirierte theosophische Schriftsteller Jakob Böhme dar, der bis in die Gegenwart herein, bald offenbar, bald verborgen, jedenfalls nachhaltig gewirkt hat.[1] – In bedeutsamer Gleichzeitigkeit zu Böhmes Erleuchtungserlebnis steht Giordano Bruno, der im selben Jahr 1600 den Ketzertod erleiden musste. – Dass Friedrich von Hardenberg-Novalis nicht nur den romantischen Dichter der «Blauen Blume» verkörpert, sondern als eigengeprägter Repräsentant einer christlichen Esoterik zu gelten hat, wird deutlich, wenn man sich in seine philosophischen Fragmente vertieft und von daher seine anrührenden «Hymnen an die Nacht» sowie seine «Geistlichen Lieder» auf sich wirken lässt. – Als einen «Erkenntnisweg, der das Geistige im Menschenwesen mit dem Geistigen im Weltall» verbinden möchte, ist Rudolf Steiner an der Wende zum 20. Jahrhundert angetreten, gedanklich intoniert durch seine «Philosophie der Freiheit».

1 Gerhard Wehr: *Jakob Böhme. Inspiration und Wirkung in der deutschen Geistesgeschichte.* Marix Verlag Wiesbaden 2010.

Eine kritische Beschäftigung mit der 1875 begründeten anglo-indischen Theosophie H.P. Blavatskys fordert zur Unterscheidung auf, damit keine Vermengung zwischen ihr und der in christlicher Frömmigkeit wurzelnden Theosophie Jakob Böhmes entsteht. Es ist ein Verdienst Rudolf Steiners, dass er sich zwar in Vorbereitung der von ihm initiierten Anthroposophie zunächst jener Bewegung anschloss, die sich die Bezeichnung «Theosophie» beigelegt hatte. Aber bei allem Respekt vor der großen Geistestradition des Ostens erblickte er seine Mission in der Anknüpfung und Vertiefung christlich-abendländischer Spiritualität, beispielsweise ausgedrückt im Symbol des Rosenkreuzes.

Bedeutsam für die in diesem Zusammenhang genannten *Gefährten auf dem inneren Weg* wurde und wird immer wieder auf «Sophia», die Gestalt der Gottesweisheit (griech. *sophia tou theou),* Bezug genommen. In den verschiedenen Epochen der alten wie der neueren Religions- und Geistesgeschichte wurde sie auf vielfältige Weise erlebt, erkannt und bezeugt. Die hebräische Bibel, das Alte Testament, beschreibt sie (hebr. *chochma, Weisheit)* als «Gehilfin» der weltschöpferischen Gottheit. Als göttliche Kraft und Weisheit tritt sie in und mit Christus im Neuen Testament von neuem in Erscheinung. Es ist der Jesus Christus, der uns nach einem Wort des Apostels Paulus (1.Kor. 1,30) «von Gott zur Weisheit gestaltet» ist. In mannigfacher individueller Abwandlung wird diese Sophia schließlich erlebt. Jakob Böhme, Novalis, Wladimir Solowjew können wahlweise als historische Beispiele für die fortbestehende Weisheitsinspiration gelten. Und die lässt sich durch die Jahrhunderte reich belegen. Der vielen genannten und ungenannten Gefährten auf dem inneren Weg bedürftig, leben wir seelisch-geistig aus der Teilhabe dieser vielgestaltigen Überlieferung.[2]

«Die Tiefen unsers Geistes kennen wir nicht.
Nach innen geht der geheimnisvolle Weg.»

Novalis

2 Gerhard Wehr: *Theo-Sophia. Christlich-abendländische Theosophie. Eine vergessene Unterströmung.* Die Graue Edition. Zug/Schweiz 2007.

Johannes Reuchlin und die Anfänge der christlichen Kabbala

Im Jahr 1997, in dem man sich des 500. Geburtstags von Philipp Melanchthon erinnerte, erschien es angebracht, auch des Mannes zu gedenken, der den Mitreformator an der Seite Martin Luthers auf die Spur seiner geistigen Entwicklung gesetzt hat. Es ist Johannes Reuchlin (1455 – 1522), Melanchthons Großonkel mütterlicherseits. Obwohl der aus dem nördlichen Schwarzwald stammende, in Pforzheim geborene Reuchlin eine juristische, keine philologische Grundausbildung genossen hat, ist er den führenden deutschen Humanisten an die Seite zu stellen. Insbesondere steht er an der Spitze jener kleinen Gruppe der Gelehrten seiner Zeit, die aufgrund ihrer Kenntnis des Hebräischen den Versuch unternommen haben, die Christenheit mit der Kabbala, das heißt mit der mystischen Tradition im Judentum, bekannt zu machen. Das entsprach jener Forderung der Humanisten des 15. und 16. Jahrhunderts, «ad fontes», also zu den literarischen Quellen zu gelangen.

Zunächst ein Blick auf einige Stationen seines Lebens: Seine Studien führten den Bildungsbeflissenen nach

Frankreich und nach Italien. In Poitiers erlangte der Siebenundzwanzigjährige das Diplom eines Lizentiaten der Jurisprudenz. Als Dolmetscher des Lateinischen begleitete er seinen Landesherrn, den württembergischen Grafen Eberhard, nach Italien. Aus eigener Anschauung wurde ihm klar, dass eine neue Bewusstseinsart das Denken und Forschen der Gelehrten jenseits der Alpen bestimmte. Florenz war zum wichtigen geistigen Zentrum des Humanismus geworden. Zur Gelehrten- und Kirchensprache des Lateinischen trat die Pflege der griechischen Sprache hinzu, die Sprache Platons, die Sprache vor allem der Schriften des Hermes Trismegistos, des «dreimalgroßen» Hermes, denen man im Florenz des 15. Jahrhunderts (irrtümlich) ein höheres Alter und eine größere Bedeutung als der Heiligen Schrift zubilligte. Ja, dieses Florenz leuchtete!

Zwar war dem promovierten Juristen bestimmt, dem Herzog von Württemberg in allen Rechtsfragen als Berater zu dienen und immerhin für ein Jahrzehnt (1502 bis 1513) als Anwalt des Schwäbischen Bundes zur Verfügung zu stehen. Aber auch dem Mann des Hofes begann das Herz für die humanistischen Ideale zu schlagen. Er gehörte eines Tages jener erlesenen Schicht an, von deren Angehörigen ein jeder stolz auf die Tatsache war, ein «trilinquis», ein Dreisprachiger zu sein, das heißt, neben der allgemeinen Bildungssprache, dem Lateinischen, auch die zwei anderen klassischen Sprachen, das Griechische des Neuen Testaments und das Hebräische des Alten Testaments, zu beherrschen. So wurde Johannes Reuchlin zum ersten deutschen Gräzisten und Hebraisten. Als Professor des Griechischen und des Hebräischen lehrte er schließlich an den Universitäten Ingolstadt und Tübingen. Das war zur selben Zeit, als die Lutherstadt Wittenberg (1518) den erst einundzwanzigjährigen Reuchlin-Großneffen Melanchthon ebenfalls mit einer Professur betraute, um ihn damit dem immer bekannter werdenden Reformator an die Seite zu stellen. Der Philologe Melanchthon war nicht nur eine unverzichtbare Stütze Luthers bei der Verdeutschung der Heiligen Schrift, sondern leistete auch eigene, wesentliche theologische Beiträge, beispielsweise als Verfasser der bis heute theologisch bedeutsamen, auch im ökumenischen Gespräch vielzitierten «Confessio Augustana» von 1530.

Als Kenner der hebräischen Literatur sollte Reuchlin einmal in einer brisanten Angelegenheit ein Gutachten erstellen. Und das kam so: Ein getaufter Jude namens Johann Pfefferkorn, der bei den Kölner Dominikanern offene Türen fand, hatte zum Zeichen seiner totalen Konversion einen «Judenspiegel» (1507) verfasst. Eine Reihe anderer antisemitischer Schriften ließ er nachfolgen. Im «Judenspiegel» drang er darauf, dass das gesamte jüdische Schrifttum als widerchristlich eingeschätzt und offiziell verurteilt bzw. verboten werden sollte. Pfefferkorn gab sich als Sachkenner aus. Er blieb jedoch die Beweise für seine Behauptungen schuldig. Ein kompetenter Gutachter war somit nötig. Hierfür bestimmte man Johann Reuchlin, einen in jeder Hinsicht unverdächtigen Gelehrten.

Doch die Enttäuschung der klerikalen Auftraggeber war groß. Denn als Reuchlins Befund auf dem Tisch lag, stellte sich heraus, dass er sich für eine generelle Verurteilung jüdischer Schriften nicht hergab. Vielmehr trat der allgemein anerkannte Gutachter nahezu uneingeschränkt für den Erhalt, ja für die Pflege der hebräischen Überlieferung ein. Lediglich gegen die Gottheit Christi gerichtete Texte hielt er für anfechtbar. Diese Einschätzung entsprach der einhelligen Überzeugung der Renaissance-Humanisten.

Scharfe Auseinandersetzungen folgten, bei denen sich auch eine Reihe von Gesinnungsfreunden Reuchlins zu Wort meldeten und für ihn Partei ergriffen. Entfachte Martin Luther in jenen Jahren mit seinen berühmten 95 Thesen (1517) die Diskussion um die «Freiheit des Christenmenschen» von päpstlicher Bevormundung, so erlangten auch die sogenannten «Dunkelmänner-Briefe» (Epistolae obscurorum virorum) eine gewisse Berühmtheit. Denn einige namhafte Humanisten, unter ihnen kein Geringerer als Ulrich von Hutten, traten in dieser Veröffentlichung für Reuchlin als den Verteidiger des hebräischen Schrifttums ein. Das taten sie, indem sie von ihnen verfasste satirische Briefe, eben die «Dunkelmänner-Briefe», für Erzeugnisse der Dominikaner ausgaben und diese angeblichen Verfasser in einem sehr schlechten Licht erscheinen ließen. Sie übergossen die Dominikaner und Pfefferkorn mit ätzender Ironie und gaben das ganze Unternehmen der Lächerlichkeit preis.

Zum einen wollten die humanistisch Gesinnten die bis dahin gültige scholastische Gelehrsamkeit als veraltet erweisen. Zum anderen ging es ihnen darum, für die geistige Freiheit eine Lanze zu brechen. In der aktuellen Fragestellung bedeutete diese offene Verteidigung Reuchlins zugleich eine Auszeichnung der hebräischen Literatur. Spätestens von da an galt Johannes Reuchlin als einer der führenden Humanisten in Deutschland und als ein prominenter Befürworter der jüdischen Geistigkeit. Entsprechend bedeutungsvoll war die Nachwirkung im geistigen Leben innerhalb der Christenheit, und dies auf Jahrhunderte hinaus.

Die Kabbala in ihrer christlichen Rezeption

Geht man der Frage nach, wie die jüdische Gelehrsamkeit, aufbauend auf Bibelstudium, Talmud und der in der Kabbala zusammengefassten mystisch-theosophischen Tradition, besondere Aufmerksamkeit erregte und in der abendländischen Christenheit Interesse erweckte, so ist nochmals auf Florenz und auf die unter den Medici in Gang gekommene philologische Forschung einzugehen. Es war der junge italienische Neuplatoniker Giovanni Pico della Mirandola (1463 – 1494), der eines Tages die Gelehrten seiner Zeit nach Rom einlud. Er hatte 900 Thesen philosophischen Inhalts aufgestellt, darunter etwa 120, die sich mit der Kabbala beschäftigten. Provokant war u. a. der Satz, wonach Magie und Kabbala am ehesten geeignet seien, die Gottheit Christi zu erhellen. Wenn es auch nicht zu der erhofften Disputation kam, zu der der erst Dreiundzwanzigjährige eingeladen hatte, so sorgte jedoch eine derartige Behauptung für Aufregung. Denn soviel ging aus den Darlegungen Picos hervor, dass er seine Erwägungen aufgrund einer fundierten Kenntnis kabbalistischer Zusammenhänge entwickelt hatte. Auch hier war ein Sachkenner auf den Plan getreten. Darüber bestand kein Zweifel.

Es ging Pico darum, die theosophische Lehre von dem verborgenen Leben in den Geheimnisgründen der Gottheit, aus denen die Strukturprinzipien der Schöpfung hervorgehen, zu beleuchten. Gemeint sind mit diesen Prinzipien die zehn Sefirot, die «Lichter» oder «Abglänze» Gottes, der aus seiner Verborgenheit heraustritt und auf diese Weise seine schöpferischen Potenzen entfaltet. Ähnlich wie bei den etwa zur gleichen Zeit wiederentdeckten Schriften des Corpus Hermeticum schienen mit der Kabbala (wörtlich: das Empfangen von heiliger Offenbarung) die Urtraditionen der Menschheit einer breiten Öffentlichkeit zugänglich zu werden. Verständlicherweise war das Interesse an der mystisch getönten jüdischen Geheimlehre groß.

Bei Pico selbst bildete sich die Überzeugung, dass sich die Heilsgeschichte in drei Epochen entfalte, und zwar in der Weise, dass sich der Fortgang der Offenbarung durch drei hebräische Gottesnamen darstellen lasse. Im ersten Weltalter, dem der hebräischen Erzväter Abraham, Isaak und Jakob, bestehe der Gottesname aus drei Konsonanten: J-H-V, im zweiten Zeitalter, dem der Sinai-Offenbarung, aus den bekannten vier Konsonanten J-H-V-H (Jahve). Das die Vollendung einleitende dritte Zeitalter mit der Christus Erscheinung schließlich füge ein S(amech) ein: J-H-S-V-H, wodurch der Jesus-Name (Jehoschua) entstehe. Von daher erklärt es sich, dass dem Jesus-Namen gegenüber der Christus-Bezeichnung in mystisch-theosophischen Schriften damals oft der Vorzug gegeben wurde. Dies fällt noch bei Jakob Böhme auf, denn wenn er von Jesus spricht, meint er den Gottessohn, das Lichtprinzip und Herz der Gottheit.

Johann Reuchlin war nun einer von denen, die sich in die christlich gedeutete Kabbala einführen ließen. Im Jahre 1490 traf er erstmals in Florenz ein. Seine Freundschaft mit dem berühmten italienischen Humanisten und dem Platon-Übersetzer Marsilio Ficino dehnte er auf weiteren Italienreisen auch auf Pico della Mirandola aus. Als Gräzist wurde Reuchlin zwar von Erasmus von Rotterdam überfügelt, jedoch als Hebraist erlangte er bei seinen Zeitgenossen höchste Anerkennung. Soweit es sich um die Einführung in die Kabbala handelt, waren es vor allem zwei Schriften im Rahmen seines vielteiligen literarischen Oeuvres, die hier zu nennen sind: «De verbo mirifico» (Vom wundertätigen Wort; 1494) und «De arte cabbalistica» (Von der kabbalistischen Wissenschaft; 1517).

In «De verbo mirifico» unterhält sich Reuchlin mit zwei Gelehrten, einem Juden und einem griechischen Philosophen. Gott und Mensch sind, im Gegensatz etwa zu der mosaischen Überlieferung des Alten Testaments, nicht abgrundtief voneinander getrennt. Es gibt vielmehr jene in der Kabbala aufgezeigten Mysterienwege, auf denen die irdische Welt mit der göttlichen verbunden wird. Reuchlin macht sich sodann die bereits erwähnte Neueinschätzung des Jesus-Namens zu eigen, weil dieser seiner Ansicht nach eine Weiterführung und Steigerung gegenüber dem Tetragrammaton (JHVH; Jahve) darstellte. Und dieses «verbum mirificum», das wunderbare Wort, wirke seinerseits Wunder, eben das Heil der Menschen, die Erlösung.

Dialogisch aufgebaut ist auch «De arte cabbalistica». In ein Dreiergespräch verwickelt sind ein Jude, ein Moslem und ein Pythagoräer. Das Buch ist eine Fortführung des ersten. Es zeigt aber auch, dass man sich, wie erwähnt, zur Zeit der Abfassung noch keine klaren literarhistorischen Vorstellungen bilden konnte. So meinte Reuchlin, die Kabbala stelle Quelle und Ursprung der griechischen und pythagoräischen Philosophie dar – eine ähnliche Überschätzung, wie sie gleichzeitig den hermetischen Traktaten zuteil wurde. Aber man erfährt in diesem Buch mancherlei über die Strukturen der oberen Welten und die Engelwesenheiten, nicht zuletzt auch über die Weise der Aneignung kabbalistischen Wissens, zum Beispiel wie man durch Umstellung hebräischer Buchstaben und ähnliche Operationen verborgene Aspekte der betreffenden Worte und Sinnzusammenhänge offenlegen könne.

Durch beide Schriften förderte Johann Reuchlin nicht allein die Kenntnis der Kabbala. Er erweckte auch auf einige Jahrhunderte hinaus das Interesse vieler Christen an der mystisch-theosophischen Überlieferung. Man kann sogar davon sprechen, dass er eine «christliche Kabbala» mitbegründete. Gewiss war er nicht der erste christliche Kabbalist. Gershom Scholem weist darauf hin, dass sich bereits gegen Ende des 13.Jahrhunderts Anfänge solcher Bestrebungen in Spanien zeigten. Pico della Mirandola und Reuchlin kommt jedoch das Hauptverdienst zu, den späteren Theosophen Einsichten in die Zusammenhänge zwischen Christentum und Kabbala vermittelt zu haben.

Hier wären nun viele Namen zu nennen, die wie die bisher erwähnten christlichen Kabbalisten in die Annalen des esoterischen Christentums gehören (siehe dazu Gerhard Wehr, «Esoterisches Christentum»). Im 16. Jahrhundert waren es u. a. der Deutsche Agrippa von Nettesheim und der Franzose Guillaume Postel, die sich von der Kabbala inspirieren ließen. Starke Impulse gingen im 17.Jahrhundert ins Schrifttum Jakob Böhmes ein. Christian Knorr von Rosenroth, dem wir einerseits das kabbalistische Kompendium «Kabbala Denudata» (Enthüllte Kabbala; 1677 – 84), andererseits das bis heute vielgesungene Kirchenlied «Morgenglanz der Ewigkeit» verdanken, gehört zu diesem Kreis ebenso wie der schwäbische Theologe, Theosoph und Kabbalist Friedrich Christoph Oetinger. Eines seiner Werke hat er ausgehend von dem berühmten christlich-kabbalistischen Tafelbild in der Dreieinigkeitskirche zu Bad Teinach im Schwarzwald verfasst. Und mit der Nennung dieser Namen ist nur eine kleine Auswahl getroffen. Sie weist hin auf die weitreichende Wirkung des Reuchlinschen Schaffens und bezeugt einmal mehr die innere Korrespondenz, die zwischen der christlichen und der jüdisch-kabbalistischen Geistigkeit seit jeher besteht. Man braucht sich nur in Erinnerung zu rufen, dass das Christentum als solches im Judentum wurzelt.

Weiterführende Literatur

BETZ, OTTO: *Licht vom unerschaffnen Lichte. Die kabbalistische Lehrtafel der Prinzessin Antonia in Bad Teinach.* Metzingen 1996.

BENZ, ERNST: *Die Christliche Kabbala. Ein Stiefkind der Theologie.* Zürich-Stuttgart 1958.

BROD, MAX: *Johannes Reuchlin und sein Kampf.* Stuttgart 1965.

MAURER, WILHELM: *Der junge Melanchthon zwischen Humanismus und Reformation.* Bd. I. Göttingen 1967.

PEUCKERT, WILL-ERICH: *Pansophie*. 3. Auflage Berlin 1976.

Philosophia Symbolica. Johann Reuchlin and the Kabbalah. Catalogue of an exhibition in the Bibliotheca Philosophica Hermetica. ED. CIS VAN HEERTUM. Amsterdam 2005.

SCHAUER, EVA JOHANNA: *Dramaturgia Pietatis im Württemberg des 17. Jahrhunderts. Prinzessin Antonia zu Württemberg und ihre kabbalistische Lehrtafel*. Hannover 2003.

SCHMIDT-BIGGEMANN, WILHELM (HRG.): *Christliche Kabbala*. Ostfildern 2003.

SCHOLEM, GERSHOM: *Die jüdische Mystik in ihren Hauptströmungen*. Frankfurt 1957 (Neuauflagen).

DERS.: *Kabbalah*. Jerusalem 1974.

DERS.: *Judaica 4*. Frankfurt 1984.

SCHWAB, HANS RÜDIGER (HRG.): *Johannes Reuchlin. Deutschlands erster Humanist. Ein biographisches Lesebuch*. München 1998.

WEHR, GERHARD: *Esoterisches Christentum. Von der Antike zur Gegenwart*. Stuttgart: Klett-Cotta 1995 (2. erw. Aufl.); jetzt: *Gnosis, Gral und Rosenkreuz*. Köln: Anaconda 2007.

DERS.: *Theo-Sophia. Christlich-abendländische Theosophie. Eine vergessene Unterströmung*. Zug/Schweiz 2007 (Die Graue Edition).

Aspekte protestantischer Mystik – Luther, Müntzer, Böhme

Protestantische Mystik? Das ist die Frage, die in kirchlichen Kreisen – wieder einmal – gestellt wird, denn «Mystik» ist im Gespräch. Karl Rahners Wort vom Christen der Zukunft, der Mystiker sein werde, macht die Runde in Vorträgen, Aufsätzen und Büchern. Entsprechend lauten die Rezepte, die jetzt auch der eine oder andere Landesbischof seinen Gemeinden verordnet. Wer die Szene seit ein paar Jahrzehnten daraufhin beobachtet hat und für eine Wiederbelebung christlicher Innenerfahrung eingetreten ist, der weiß, wie schwer sich die evangelische Christenheit mit ihrer eigenen spirituellen Überlieferung tut. Wovon sprechen wir also?

Wird christliche Mystik als «das Drängen auf Unmittelbarkeit, Innerlichkeit und Gegenwärtigkeit des religiösen Erlebens» (E. Troeltsch) verstanden, geht es ihr um spirituelle Erfahrung, die zu praktischen Konsequenzen der Christusnachfolge führt, dann kann in diesem Sinn auch von protestantischer Mystik gesprochen werden. Sie schließt sich an die große Tradition christlicher Gotteserfahrung an, wie sie insbesondere seit Paulus und seit dem

Johannesevangelium bis heute durch die Geschichte der Christenheit lebendig ist. Dabei ist die allgemein-christliche Gemeinsamkeit sehr viel größer als etwaige konfessionelle Verschiedenheiten. Dass dieser spirituelle Strom im Lauf der Jahrhunderte bisweilen zu versickern drohte oder zu einer vom allgemeinen theologischen Trend gemiedenen Unterströmung wurde, steht auf einem anderen Blatt. Man muss im 20. Jahrhundert nur an Theologen von der Statur Adolf von Harnacks erinnern, für den Mystik nichts anderes war als «die katholische Frömmigkeit überhaupt.» Für die sogenannte Luther-Renaissance war Mystik ebenso wenig diskutabel wie seit den zwanziger Jahren für die Dialektische Theologie Karl Barths. Hatte man etwa vergessen, dass der junge Luther nicht allein aus den Quellen der mittelalterlichen Mystik geschöpft hat, sondern selbst entsprechende Erfahrungen bezeugen konnte?

Versuchen wir nun, uns einige Stationen protestantischer Mystik zu vergegenwärtigen. Zweifellos liegen die Anfänge beim Reformator selbst. Als Augustinermönch wurde er im täglichen Vollzug mit der Frömmigkeit der alten Kirche tief vertraut. Er kommunizierte, er praktizierte Stundengebet und Meditation. Dabei vertiefte er sich in das berühmte «Rosétum» geistlicher Übungen des Johannes Mauburnus. Der gehörte zur selben Strömung der «Brüder vom gemeinsamen Leben» (Devotio moderna), in der Thomas von Kempen, der mutmaßliche Schreiber des vielgelesenen Andachtsbuches «Nachfolge Christi», stand. Schon als Magdeburger Lateinschüler war Luther kurze Zeit mit Mitgliedern jener Brüderschaft in Berührung gekommen. Eine Entdeckung bedeuteten ihm die Predigten

Johannes Taulers, mehr noch jene namenlose Schrift, die heute unter dem Titel «Theologia Deutsch» (im Königsdorfer Verlag, Königsdorf) von neuem zugänglich ist. Das geschah unmittelbar vor den spektakulären Ereignissen der Wittenberger Reformation. Luther gab diese Grundschrift deutscher Mystik in zwei Fassungen 1516 und 1518 heraus. In den Vorreden rühmt er den unbekannten Verfasser, den Frankfurter bzw. Sachsenhausener Deutschherrn-Custos, man muss sagen: über alle Maßen. Er, Luther, habe nämlich neben der Heiligen Schrift und Sankt Augustinus kein Buch gefunden, daraus er für sein geistliches Leben mehr erlernt habe als aus eben diesen Wortlauten christlicher Mystik. Was ihn darin ansprach, das war die Tatsache, dass sich Tauler und «Theologia Deutsch» in der Volkssprache an den Leser wenden. Dadurch wird die besondere Unmittelbarkeit unterstrichen, die für den späteren Bibelverdeutscher wichtig werden sollte.

Nun könnte man fortfahren und eine Reihe von unmittelbaren Zeugnissen nennen, die Luthers innige Beziehung zur inneren Erfahrung belegen. In seiner Auslegung zum Magnificat (Lobgesang der Maria, Luk.1) heißt es beispielsweise: «Um diesen heiligen Lobgesang seiner Ordnung nach zu verstehen, ist zu beachten, dass die hochgelobte Jungfrau Maria aus der eigenen Erfahrung heraus redet, in der sie durch den Heiligen Geist erleuchtet und gelehrt worden ist. Denn es kann niemand Gott oder Gottes Wort recht verstehen, wenn er es nicht *unmittelbar* vom Heiligen Geist hat.» Und noch in seiner Schrift «Von der Freiheit eines Christenmenschen» lässt Luther etwas von der mittelalterlichen Brautmystik anklingen, desgleichen in anderen geistlichen Texten, die davon sprechen, wie sehr es auf dem inneren Weg des geistlichen Lebens darauf ankomme, mit Christus «gleichförmig» (conformitas) zu werden.

Nicht verschwiegen sei, dass Luther auch negative Erfahrungen mit der Mystik gemacht hat, so dass er vor geistlichem Überschwang und vor einem selbstgenügsamen Mystizismus warnen musste. Doch mit dem Luther-Biographen Martin Brecht lässt sich resümieren: «Die deutsche Mystik mit ihrer Erfahrung und ihren Verstehenskategorien hat Luther geholfen, die richtige oder falsche Ausrichtung des Menschen vor Gott zu diagnostizieren ... Die Mystik bot eine kritische Alternative zum Menschenbild der scholastischen Theologie; alles andere interessierte ihn offensichtlich nicht.»

Aber auch die im Protestantismus bzw. im Luthertum auftauchende Skepsis gegenüber der Mystik nimmt beim Wittenberger Reformator seinen Anfang. Man muss nur an Gestalten wie Andreas Bodenstein (Dr. Karlstadt), an Thomas Müntzer, Kaspar Schwenckfeld oder Sebastian Franck denken, um zu sehen, wie Luther sich gegen das Geist-Verständnis dieser Männer wandte, als er beobachtete, dass sie andere theologische Akzente als er setzten. Zusammen mit Luther gehören sie zur ersten Generation der protestantischen Mystik überhaupt. Thomas Müntzer «mit dem Hammer», der Bauernkriegsprediger, der von sich einmal sagt, dass er seine «Sichel scharf gemacht» habe, ist vom Geistfeuer der Mystik ergriffen. In einer seiner liturgischen Schriften (1523) verleiht er dem Ausdruck:

«Der Mensch soll und muss wissen, dass Gott *in ihm* sei, dass er nicht irgendetwas ausdichte oder ersinne, als sei er tausend Meilen von ihm entfernt, sondern (vielmehr erkenne), wie *Himmel und Erde voll, voll Gottes* sind und wie der Vater den Sohn *in uns* ohne Unterlass gebiert und der Heilige Geist nichts anderes als den Gekreuzigten *in uns* durch herzbewegende Betrübnis erklärt. Darüber gebricht uns nichts anderes, als dass wir unsere Blindheit nicht erkennen.»

Wer wird da nicht an die Gottesgeburt im Seelengrund erinnert, die Meister Eckhart in seinen Predigten bezeugt? Oder wem kommt da nicht ein Vers aus Tersteegens Weihnachtslied in den Sinn, in dem dieses Motiv anklingt: «Treuer Immanuel, werd auch in mir nun geboren … / Wohne in mir, / mach mich ganz eines mit dir, / der du mich liebend erkoren!» Wie tragisch, dass Luther seine ersten begeisterten Anhänger zwar auf Tauler und auf die «Theologia Deutsch» aufmerksam gemacht hat, die ihm selbst viel gegeben haben, dass er sie dann aber als gefährliche «Schwarmgeister», als «des Teufels bös' lästerlich Maul» auf übelste Weise verleumdete. Das widerfuhr auch dem aus Donauwörth stammenden Theologen und Schriftsteller Sebastian Franck. In seinem von mystischer Theologie durchzogenen Werk «Paradoxa» rät er seiner Leserschaft: «Wer wissen will, was in einem Tempel sei, darf nicht draußen bleiben und allein davon lesen und sagen hören. Das ist alles (noch) ein totes Ding, sondern er muss drein gehen und selber erfahren und besichtigen. Dann erst lebt alles. Und dieses Im-Geiste-Sehen und -Erfahren heißt die Schrift ‹glauben›.»

So ist es immer wieder das Drängen auf unmittelbare Gotteserfahrung, was einem in den Schriften dieser Vertreter einer reformatorisch motivierten Spiritualität begegnet.

Es ist die Sehnsucht, der Gottesgegenwart gewiss zu werden, um seines Glaubens leben zu können. Wer die hier begonnene Spurensuche fortsetzt, der stößt wieder und wieder auf den Namen eines Mannes, der zwar außerhalb der Schulen und außerhalb der orthodox-theologischen Lehrmeinungen steht, der aber einen über Jahrhunderte sich erstreckenden Einfluss auf Denken und Frömmigkeit ausgeübt hat. Es ist der schlichte Görlitzer Schuhmacher Jakob Böhme, ein Zeitgenosse des 30jährigen Krieges. In seinen Berliner Vorlesungen sagt Schelling über ihn: «Man kann nicht umhin, von Jakob Böhme zu sagen, er sei eine Wundererscheinung in der Geschichte der Menschheit und besonders in der Geschichte des deutschen Geistes ...» In der Tat gehört Böhme nicht allein in die Annalen der nachreformatorishen Kirchengeschichte, weil er als «Philosophus teutonicus» (deutscher Philosoph) wie kaum ein anderer Charismatiker eigener Prägung Dichter und Denker, Fromme und Atheisten (Marxisten), Gelehrte und «die Stillen im Lande» europaweit inspiriert hat. Seine zahlreichen Schriften, angefangen mit seiner an Finsternissen und jähen Erleuchtungen reichen «Aurora oder Morgenröte im Aufgang», über die Sammlung meditativer Schriften «Christosophia» bis hin zu seinen autobiographisch aufschlussreichen «Theosophischen Sendbriefen» gehören zum mystischen und theosophischen Erbe der Menschheit. Wenn nicht alles trügt, dann wird heute von neuem nach Jakob Böhme gefragt. Dafür spricht einerseits die Neuausgabe seiner Werke, andererseits deren Übersetzung u. a. ins Japanische, Polnische und Russische. Weitere Übertragungen liegen seit Jahrhunderten vor. Im 19. Kapitel seiner «Aurora» hat Böhme sein Durchbruchserlebnis geschildert:

«... Alsbald nach etlichen harten Stürmen ist mein Geist durch der Höllen Pforten durchgebrochen bis in die innerste Geburt der Gottheit und allda mit Liebe umfangen worden, wie ein Bräutigam seine liebe Braut umfängt ... Was aber für ein Triumphieren im Geiste gewesen, kann ich nicht schreiben oder reden. Es lässt sich auch mit nichts vergleichen als nur dem, wo mitten im Tode das Leben geboren wird, und vergleicht sich der Auferstehung von den Toten. – In diesem Lichte hat mein Geist alsbald durch alles gesehen und an allen Kreaturen, sowohl an Kraut und Gras Gott erkannt, wer der sei und wie der sei und was sein Wille sei. Auch so ist alsbald in diesem Lichte mein Wille gewachsen mit großem Trieb, das Wesen Gottes zu beschreiben ...»

In den weiteren Umkreis der Böhme-Schule gehört der später zum Katholizismus konvertierte Arzt Johannes Scheffler, der mit seiner Dichtung «Cherubinischer Wandersmann» als der Angelus Silesius (Der schlesische Engel) in die Literaturgeschichte eingegangen ist. In einem seiner inspirierten Zweizeiler mahnt er einmal: «Halt an, wo läufst du hin, der Himmel ist in dir! / Suchst du Gott anderswo, du fehlst ihn für und für.» Als Liederdichter hat er in den Gesangbüchern, evangelischen wie katholischen, seit langem einen festen Platz eingenommen.

Damit ist das Kirchengesangbuch als Kompendium mystischer Erfahrung genannt, das als solches erst noch zu erschließen ist, obwohl es das gottesdienstliche Leben seit langem begleitet. Gemeint ist ein wesentlicher Teil des Liedgutes, das wir beispielsweise Gerhard Tersteegen oder Paul Gerhardt verdanken. Tersteegen, ein Prototyp der «Stillen im Lande» und bestrebt, in der Gottesgegenwart zu leben, hat sein Erleben dichterisch gestaltet («Gott ist gegenwärtig ...») und als Seelenführer weitergegeben: «Ganz für Gott sein, ist das wahre Geheimnis des inwendigen (esoterischen bzw. mystischen) Lebens, ein Christenleben, wovon sich die Leute solche seltsamen und fürchterlichen Bilder machen. Und so leben wir, wenn Christus selbst unser Leben wird.»

Dass aber protestantische Mystik sich nicht allein auf eine solche Innerlichkeit beschränkt, wird schon bei Jakob Böhme deutlich, der die Natur und die Sinnenhaftigkeit der Gotteserfahrung wie kaum ein anderer betont hat. Bei dem schwäbischen Theologen und Theosophen des 18. Jahrhunderts Friedrich Christoph Oetinger wird das besonders deutlich. Ihn inspirierten Böhmes Schriften, so dass er die Prozesse von Physik und Chemie in seine Evangeliendeutung mit einbezog. In einem seiner zahlreichen Werke entwarf er eine «Theologie des Lebens» (Theologia ex idea vitae deducta). Von daher prägte er das vielzitierte Wort, das über seinem Schaffen steht: «Leiblichkeit ist das Ende (im Sinne von: Vollendung) der Wege (bzw. der Werke) Gottes.» Die Geschichte Gottes mit den Menschen ist für ihn Naturgeschichte und Heilsgeschichte in einem. Damit ist eine rationalistische wie moralistisch verengte Sichtweise des Glaubens überwunden. Jedenfalls korrespondiert Oetingers Denken mit dem, was man heute als «Tiefen-Ökologie» in den Blick fasst.

Ein besonderer, die konfessionelle Begrenzung überschreitender Aspekt ergab sich im 17. und 18. Jahrhundert durch den Einbezug der jüdischen Mystik (Kabbala). Als Christian Knorr von Rosenroth sein Lied «Morgenglanz der Ewigkeit» anstimmte, brachte er als Übersetzer des kabbalistischen Hauptwerkes «Buch des Glanzes» (Sefer ha-Sohar) etwas von jener Synopse zum Ausdruck, die durch die Begegnung zwischen Evangelium und Kabbala möglich wurde. Und wer in der evangelischen Kirche von Bad Teinach / Schwarzwald vor das geheimnisreiche Tafelgemälde des Altarraums hintritt, der hat ein eindrucksvolles Dokument dieser Frömmigkeitsrichtung vor sich.

Oetinger hat dem Gemälde eine ausführliche Interpretation gewidmet.

Damit ist nur eine kleine Auswahl historischer Beispiele aufgeführt. Protestantische Mystik ist im übrigen nicht nur Vergangenheit. Sie muss und sie kann jeweils auf ihre praktikable Gegenwärtigkeit hin befragt, sie kann auch heute in Meditation und Kontemplation auf individuelle Weise eingeübt werden. Jesu Gleichnis vom Sauerteig (Mat. 13, 33) bringt die Sache auf den Punkt: Für sich genommen mag ein Rest sauer (bzw. historisch) gewordenen Teigs von geringer Bedeutung sein. Aber die Frau des Gleichnisses versteht es, den Sauerteig in die Masse des Mehls hineinzukneten, damit «unser täglich Brot» entsteht, mit dem wir leben können …

Literaturhinweis

Von Gerhard Wehr liegen zum Thema u. a. vor: «*Martin Luther – der Mystiker*» (Marix Verlag Wiesbaden 2011); «*Theologia Deutsch – eine Grundschrift deutscher Mystik*» (Königsdorfer Verlag Königsdorf); *Jakob Böhme: Aurora; Christosophia; Theosophische Sendbriefe; Von der Gnadenwahl; Von der Menschwerdung Jesu Christi* (Insel Verlag Frankfurt); ferner «*Europäische Mystik – zur Einführung*» (Junius Verlag Hamburg).

Sebastian Franck plädiert für ein freies Christentum

Ein kritischer Zeitgenosse der Reformation

Wozu Konfessionen in kirchenfremder Zeit? Diese Frage wird bisweilen von denen gestellt, die angewidert vom Zwist im Raum der Ökumene und im interkonfessionellen Gespräch sich nach einer Alternative umsehen. Neu ist diese Situation nicht. Im Grunde besteht sie seit den Tagen der Reformation. Deutlich wird dies an der Gestalt von Sebastian Franck. 1499 in Donauwörth geboren, gehört er zu den wirkungsvollsten volkstümlichen Autoren seiner Zeit. Seine überparteiliche Grundhaltung und ökumenische Gesinnung vermochte zwar nicht die Massen zu mobilisieren, doch hat er mit seinem Streben nach einem freien, vom Geist der Mystik geprägten Christentum Zeichen gesetzt.

Um sich auf den geistlichen Beruf vorzubereiten, bezieht der aus bescheidenen Verhältnissen stammende Lateinschüler die Universität Ingolstadt. Zu seinen Lehrern gehört derselbe Professor Johann Eck, der ein entschiedener Gegner Martin Luthers werden sollte. Ein Kommilitone ist Johannes Denck, der aufgrund seiner pädagogischen Qualitäten schon in jungen Jahren die Leitung der

Nürnberger Lateinschule von Sankt Sebald übertragen bekommt.

Anfang 1518 setzt Franck in Heidelberg seine theologischen Studien fort. Als Luther im April 1518 dort seine 95 Thesen zur Diskussion stellt, ist Sebastian Franck zunächst begeistert. Bald empfängt er die Priesterweihe und geht in den zwanziger Jahren nach Franken, wo die Reformation bereits Fuß gefasst hat. Nürnberg ist lutherisch geworden. Schwierig wird es für ihn, weil er manche Schattenseiten der Reformation offen kritisiert. Der Rückweg in die römische Kirche andererseits ist dem humanistisch Gesonnenen verbaut. Er hat gesehen, dass sich zwar viele «reformatorisch» gebärden, es jedoch an den daraus zu ziehenden ethisch-moralischen Konsequenzen mangeln lassen!

Franck heiratet 1528 die Ottilie Beheim, eine Nürnberger Bürgerstochter. Sie ist die Schwester zweier bekannter Künstler aus der Schule Albrecht Dürers, die zusammen mit einem dritten jungen Maler namens Georg Pentz als die «drei gottlosen Maler» zu Nürnberg gelten. Sie waren aufgrund ihrer allzu offen geäußerten Religionsauffassung auffällig geworden und wurden bestraft. Das lässt aufhorchen: Sebastian Franck im Umkreis von stadtbekannten Freigeistern! Von ihnen weiß man überdies, dass sie mit dem Sebalder Rektor, Johann Denck, dem schon erwähnten Studienkollegen aus Francks Ingolstädter Tagen, befreundet sind. Auch Denck hat Karriere gemacht. Auch er ist auf Distanz zu den Lutherischen gegangen. Er hat sich der gerade aufkommenden Täuferbewegung angeschlossen. Es sind jene reformatorisch Gesonnenen, die die traditionelle Kindertaufe verweigern und die Glaubenstaufe Erwachsener praktizieren.

Franck setzt auf mystische Erfahrung. Jede Veräußerlichung im religiösen Leben ist ihm zuwider. Von daher rührt seine Absage an die nach und nach sich formierenden Konfessionen. Denn mittlerweile gibt es im Protestantismus neben der dominierenden Fraktion der Wittenberger diejenige des Schweizers Huldreich Zwingli und der oberdeutschen Theologen etwa in Straßburg oder Basel.

In Nürnberg beginnt Francks schriftstellerische Tätigkeit. Dazu gehört die Schrift wider das «gräuliche Laster der Trunkenheit» vom Jahre 1528. In ihr nimmt der Autor nicht nur den überhöhten Alkoholgenuss und die Völlerei aufs Korn. Wen der forsch auftretende Kulturkritiker letztlich ins Auge fasst, erfährt man aus einem weiteren Text: «Des Klerus Schuld ist es, dass Hurerei, Ehebruch, Ehescheidung alle Orte des Landes erfüllen und innehaben und allenthalben herrschen ohne Scham.»

Als Franck diese Sätze niederschreibt, geht seine anfängliche Sympathie für Luther bereits ihrem Ende entgegen. Es dauert nicht mehr lange, bis er seine Amtsbrüder im Lutherrock unter seine kritische Lupe nimmt. Francks Klage wird zur Anklage:

«Vor uns waren Werkheilige ... jetzt sind sie Wortheilige und Maulchristen ... Wann greifen wir das Evangelium einmal mit der Tat an? Warum predigen wir denn das Wort so schläfrig? Wann greifen wir einmal die Sache mit Ernst an? Aber wir legen die Sache in die langen Truhen, scherzen mit Gottes Wort wie die Katz mit der Maus!»

Er selbst setzt auf eine Neuwerdung, auf die Wiedergeburt, die in der Tiefe der menschlichen Existenz bei jedem erfolgen soll. Seine Predigertätigkeit hat Franck inzwischen aufgegeben. Das ergab sich schon als Folge seiner Eheschließung mit Ottilie Beheim. Er hat die Überzeugung gewonnen, dass die christliche Kirche mit dem Aussterben der Apostel ihre ursprüngliche Gestalt und Substanz verloren habe. Das prunkvolle Auftreten und die lautstarke Gebärde der Kirchenführer könne nicht darüber hinwegtäuschen, dass sie die Sache Christi längst nicht mehr vertreten. Das Christentum von einst sei untergegangen. Was jedoch weiterexistiert, freilich verborgen und vielfach unerkannt, das ist die Kirche des Geistes, die innere Kirche, die in der Tiefe der Menschenseele verankert ist. Dagegen sei die in Konfessionen auftretende äußere Kirche nichtsnutziges Flickwerk. Franck wörtlich:

«Weil aber nun die Erfahrung lehrt, dass die Gewalt der äußerlichen Kirche und alle äußerlichen Dinge verfallen sind und dass die Kirche unter den Heiden verstreut ist, kann wahrlich nach meinem Erachten kein Mensch auf Erden dieselbe ohne besondere Berufung von Gott wieder sammeln und ihre Sakramente wieder an den Tag bringen.»

Wie verhält es sich dann mit den sichtbaren Glaubensformen in Kultus, in Symbolen und religiösem Brauchtum? Franck meint:

«Gott hat der Kirche in ihrer Jugend die äußerlichen Zeichen zugelassen, ja gegeben gerade wie dem Kind eine Puppe. Nicht dass sie zum Reich Gottes nötig wären oder dass Gott sie von unsern Händen fordert, sondern weil die Kirche in ihrer Kindheit diese Dinge wie einen Stab nicht entbehren wollte … Wenn aber das Kind jetzt stark genug ist und den Stab wegwirft, erzürnt es damit den Vater nicht, sondern dem Vater ist das lieb!»

Franck wendet Gedanken der Reifung, der Entwicklung

auf die Geschichte des Menschengeschlechts an. Auf diese Weise mag er Lessing mit seiner «Erziehung des Menschengeschlechts» vorgearbeitet haben. Wichtig ist ihm ein spirituelles Wachstum, das äußere Stützen nach und nach entbehren kann – in jener Kirche des Geistes. Und dann der eindringliche Appell an einen Gleichgesinnten, endlich etwas für die Kirche des Geistes zu unternehmen:

«Darum lass ab von falschem Vornehmen und lass die Kirche Gottes im Geist unter allen Völkern und Heiden bleiben und lass sie gelehrt, regiert, getauft werden vom Doktor des Neuen Bundes, nämlich vom Heiligen Geist, und neide oder missgönne Deiner Mutter, der Kirche, nicht ihr Glück.»

Für Franck gibt es somit eine Ökumene besonderer Art, und zwar lange vor der sogenannten Ökumenischen Bewegung unseres Jahrhunderts. Es handelt sich um eine Ökumene des Geistes, wie sie wenige Jahre zuvor auch Thomas Müntzer in den Blick gefasst hat. So fährt er fort:

«Halte für deine Brüder auch alle Türken und Heiden, wo sie auch seien, wenn sie nur Gott fürchten und – gelehrt und inwendig von Gott gezogen – Gerechtigkeit wirken, obgleich sie niemals von der Taufe, ja niemals von Christus selber irgendeine Historie oder einen Buchstaben gehört haben, sondern seine Kraft allein durch das innerliche Wort in sich vernommen und dasselbe fruchtbar gemacht haben ... Lieber Bruder, ich kann es dir nicht alles mit der Feder anzeigen, was ich durch Gottes Gnade im Herzen wohl begriffen habe.»

Damit nennt er die Instanz, die seinem Tun allein Maß und Richtung gibt, worin ihm freilich nur wenige zu folgen vermögen.

Worauf sich nun sein weiteres Denken richtet, das entnehmen wir seinen Büchern, die in rascher Folge durch die Presse gehen, oft von den Zensoren bedroht. Seine Gewährsleute sind einerseits die Humanisten, an ihrer Spitze Erasmus von Rotterdam. Andererseits schöpft er aus der deutschen Mystik, aus der berühmten «Theologia Deutsch», die einst Luther in zwei Ausgaben an die Öffentlichkeit gebracht hat. Ihn bewegt der Gedanke der Freiheit und der Toleranz, wie sie humanistischer Haltung entspricht. Das ist sein Bestreben – 1529 –, als die stürmenden Türken sich zur Belagerung Wien versammeln. Wie lange wird man seine Rede und seine bisweilen provokative Schreibe noch akzeptieren können?

Franck verlässt Nürnberg und wandert mit Frau und Kind nach Straßburg, in jenen Tagen bekannt durch die hier geübte religiöse Toleranz. Geduldet sind nicht nur Verfechter der Reformation, sondern auch andere Richtungen, selbst entschiedene Täufer. Franck verlangt Glaubensfreiheit. Er meint damit schrankenlose Meinungsfreiheit über göttliche wie über weltliche Dinge, und das zweieinhalb Jahrhunderte vor der Erklärung der Menschenrechte!

Aber seine Hoffnungen trügen.

Sein neues Buch «Geschicht-Bibel» lässt keinen ungeschoren. Er geißelt eben nicht allein Pracht und Geldgier des Papstes, der Bischöfe und Prälaten. Er tadelt auch Fürsten und Adelige, die das gemeine Volk aussaugen. Er proklamiert eine Umwertung der Werte, indem er beispielsweise Heiliggesprochene als Antichristen und Ketzer ablehnt, während er vermeintliche Ketzer als Heilige verehrt wissen will.

Wie aber soll man ihn selbst einordnen? Wohin gehört er?

Was die mittlerweile aufgetretene Vielfalt der religiösen Strömungen anlangt, so denke man daran, was er bereits in einem Lied zum Ausdruck gebracht hat:

«Ich will und mag nicht päpstlich sein:
Der Glaub ist klein bei Mönchen und bei Pfaffen,
Es wird beim äußerlichen Schein ihr Herz nicht rein,
Sie machen d'Leut zu Affen…
Ich will und mag nicht luthrisch sein:
Ist Trug und Schein, sein Freiheit, die er (Luther) lehret.
An Gottes Haus sie nur abbricht und bauet nicht …»

Besagen will diese Reformationskritik: Luther breche zwar mit manchem, was die Katholiken in jenen Tagen an Irrlehren und einem Wildwuchs an religiösen Gebräuchen pflegen, aber er habe nichts Aufbauendes zu bieten. Dass Franck damit dem lutherischen Ansatz ebenfalls nicht gerecht wird, steht auf einem anderem Blatt. Francks Lied geht weiter:

«Ich will und mag nicht zwinglisch sein:
Sind auch nicht rein. Ihr Glaub läßt sich nicht b'schirmen.
Mit Buß kein Besserung fängt an: dass sie die Götzen stürmen.»

Angespielt ist auf die Entfernung aller Bilder aus den Kirchen bei den schweizerischen Reformierten. Diese Radikalität ist die Sache des Ex-Priesters Franck nicht. Und selbst die um eine ernste Lebensführung und konsequente Christusnachfolge bemühten Taufgesinnten, die eigentlich Franck imponieren könnten, kommen nicht besonders gut weg. Seine Sehnsucht ist auf das Reich Gottes gerichtet, das gemäß mystischer Erfahrung im Innern des Menschen seinen Ort hat, somit durch keine «Mauerkirche» ersetzt oder vertreten werden kann.

Franck muss erleben, wie begrenzt die in Straßburg übliche Toleranz inzwischen geworden ist. Er wird eines Buches wegen ins Turmgefängnis gebracht und alsbald aus der Stadt ausgewiesen. So geschehen im Dezember 1531.

Und wenn er gehofft hatte, durch den in Straßburg ansässigen Martin Butzer, seinen ehemaligen Heidelberger Studienkollegen, Rückendeckung zu erhalten, so hat er sich arg getäuscht. Ein Zwei- oder Dreifrontenkrieg ist gegen ihn ausgebrochen, denn außer den Lutherischen und neben den Fürsten nehmen ihn auch die Altgläubigen aufs Korn, zum Beispiel der aus Wendelstein bei Nürnberg stammende Johannes Cochläus, der sich schon gegen die lutherischen Reformatoren gewandt hatte. Luther beschimpft Franck und seine Frau Ottilie als Schwarmgeister. Selbst Philipp Melanchthon stimmt in die Schimpfkanonade ein. Nicht einmal von Erasmus kann Franck kollegialen Beistand erwarten ...

Welcher auf sich gestellte freie Autor wäre derartigen Angriffen gewachsen? Wie mag Francks junge Frau, verantwortlich für eine wachsende Kinderschar, damit fertig geworden sein? Wir hören von sechs Kindern, die binnen weniger Jahre geboren wurden. Für die Franck-Familie beginnt eine Zeit der Odyssee. Seiner Habe beraubt, flüchtet Franck vor dem Vorwurf, ein ketzerischer Schriftsteller zu sein, über den Rhein nach Kehl, von dort nach Esslingen. Er ist sich nicht zu schade, als schlichter Seifensieder sein Leben zu fristen.1533 lebt die Familie in Ulm. Er betätigt sich jetzt als Drucker, nachdem sich die Seifenherstellung als ein wirtschaftlicher Fehlschlag erwiesen hat.

Neue Schriften entstehen, darunter das «Kriegsbüchlein des Friedens», eine Bekenntnisschrift für den christlichen Pazifismus, vor allem aber seine philosophische Hauptschrift, betitelt «Paradoxa», gewidmet «allen in Gott philosophierenden Christen ... zur Schärfung des Urteils und zur Auslegung der Heiligen Schrift». Alles in allem ein Buch, das zeigt, wie wichtig dem Verfasser die spirituelle Erfahrung auf dem inneren Weg der christlichen Mystik eines Meister Eckhart oder Johannes Tauler geworden ist.

Unmittelbar vor Francks Ankunft in Ulm hat Martin Frecht das Amt als Stadtpfarrer angetreten, auch er ein ehemaliger Studienkollege. Er wird sein neuer Zensor! Mit der lutherischen «Freiheit des Christenmenschen» ist es nicht weit her. Von neuem muss Franck mit Frau und Kindern die Flucht ins Ungewisse antreten. Man schreibt das Jahr 1539.

Wir hören nun von Ottilie Beheims Tod. In Basel, seiner letzten Lebensstation, kann der unruhige Geist ein letztes Mal Fuß fassen. Aber schon im Oktober 1542 stirbt Sebastian Franck, erst 43 Jahre alt, kaum beachtet und abseits der innerprotestantischen Turbulenzen. Sein früh abgebrochenes, einsames Leben bleibt über viele Strecken in Dunkel gehüllt. Wir wissen nichts über seine letzte Lebenszeit. Doch geblieben ist sein Werk. Es bedarf freilich der Vergegenwärtigung. Der Schweizer Kirchenhistoriker

Walter Nigg, der dem Donauwörther aus christlicher Anteilnahme heraus ein anrührendes Erinnerungsbild gewidmet hat, merkt an:

«Franck gehörte zu den allseitig verpönten Außenseitern der Reformation ... Wie ein gehetztes Reh haben die Prädikanten den friedfertigen Franck herumgejagt.»

Und Francks eigenes Fazit:

«Sobald man das Christentum in Regeln und in ein vorgeschriebenes Gesetz und Ordnung will einfassen, so hört es auf, ein Christentum zu sein. Niemand will verstehen, dass die Christen dem Heiligen Geist überliefert sind und dass das Neue Testament kein Buch, Lehre und Gesetz ist, sondern der Heilige Geist.»

Literaturhinweis

Will-Erich Peukert: *Sebastian Franck.* München 1943.

Eberhard Teufel: *«Landräumig». Sebastian Franck, ein Wanderer an Donau, Rhein und Neckar.* Neustadt/Aisch 1954.

Horst Weigelt: *Sebastian Franck und die lutherische Reformation.* Gütersloh 1972.

Gerhard Wehr: *Christliche Mystiker. Von Paulus und Johannes bis Simone Weil und Dag Hammarskjöld.* Fr. Pustet Verlag Regensburg 2008.

Jakob Böhme – Leben und Werk

Eine Schusterstube als geistige Brunnenstube

Zu den Merkwürdigkeiten des geistig-religiösen Lebens gehört die Tatsache, dass aus der Unscheinbarkeit ihrer bürgerlichen Existenz immer wieder Menschen unversehens auf den Plan treten, von denen weithin reichende Wirkungen ausgehen. Weil gemäß allgemeiner Erfahrung bislang gehegte Erwartungen nicht immer im Einklang stehen mit den tatsächlich eintretenden Ereignissen, pflegte man einst (Joh.1, 46) die bekannte Frage zu stellen: «Was kann schon aus Nazareth Gutes kommen?» Oder auf Jakob Böhme bezogen mag man rätseln: Wie kam es, dass vor mehr als vier Jahrhunderten eine unscheinbare Schusterwerkstatt in Görlitz zu einer geistigen Brunnenstube werden konnte, aus der Erstaunliches hervorging, das bei ungezählten geistig suchenden Menschen bis heute in aller Welt Interesse erweckt?

Beachtung dieser Tatsache wurde seit langem auf vielfältige Weise bekundet; im 19. Jahrhundert etwa durch Hegel, wenn er (in: Vorlesungen über die Geschichte der Philosophie) von Böhme sagte, er sei «der erste deutsche Philosoph» gewesen. Und Schelling, der sich Böhme in besonderer Weise verpflichtet zeigte, wollte dem nicht nachstehen, denn in der 7. seiner Vorlesungen zur «Einleitung in die Philosophie der Offenbarung» findet sich die Einschätzung: «Man kann nicht umhin, von Jakob Böhme zu sagen, er sei eine Wundererscheinung in der Geschichte der Menschheit und besonders in der Geschichte des deutschen Geistes. Könnte man je vergessen, welcher Schatz von natürlicher Geistes- und Herzenstiefe in der deutschen Nation liegt, so dürfte man sich nur an ihn erinnern.» Zwei so unterschiedliche Geister des 20. Jahrhunderts wie Rudolf Steiner oder Ernst Bloch bekannten sich rückhaltlos zu ihm. Steiner empfand das, was aus den Werken des Görlitzers zu ihm sprach «wie das Aufjauchzen der Natur» (Die Mystik im Aufgange ..., 1902); während Bloch in seinen Leipziger «Vorlesungen zur Philosophie der Renaissance» (Frankfurt 1972) eine hohe geistesgeschichtliche Einordnung vornahm, weil «hier trotz Nikolaus von Cusa die erste objektive Dialektik seit Heraklit» in Erscheinung trete.

Dem steht zwar die immer wieder zu beklagende «Wissenschaftlichkeit des Desinteresses» (Günter Bonheim, Würzburg 1992) gegenüber, der der Görlitzer Meister im kirchlichen wie im kulturellen Leben nach wie vor unterliegt. Doch dadurch wird letztlich nicht aufgehoben, was der protestantische Kirchenhistoriker Heinrich Bornkamm in seinem Böhme-Essay (Die großen Deutschen, Bd.I, 1935/36) mit den Worten zum Ausdruck brachte: «Keiner unter den deutschen Denkern ist so geliebt worden wie der Görlitzer Schuhmachermeister ... An die Namen ungezählter anderer Philosophen haben sich Ruhm und Bewunderung geheftet. Aber diesen seltsamen Mann, der wie ein Stück der Natur selbst erscheint, über die er grübelte, umgibt ein bis heute noch nicht verflogener Hauch liebender Verehrung.» Die Erinnerung an ihn werde von seinen Freunden wie ein Geheimnis gehütet. Wenn auch Geschichtsforschung und Philologie zur Erhellung des oft rätselumwobenen Gedankengutes, das die Schriften des Görlitzers bergen, nach wie vor gefordert sind, so ist es in der Tat diese eigentümliche Sphäre des Geheimnisvollen, die sich einer eindimensionalen kritischen Analyse widersetzt.

Wer im übrigen meint, es handle sich bei Böhmes Aufzeichnungen nur um die schwer verständlichen Sinniereреien eines kleinen schlesisch-lausitzischen Schusters, der muss sich korrigieren lassen. Denn Böhme hat ein religiös-philosophisches Werk hinterlassen, das weit über Deutschland hinaus Beachtung fand. In europäischen und asiatischen Sprachen ist es in Übersetzungen verbreitet. Jahr für Jahr erscheinen wissenschaftliche Studien über ihn und sein Schaffen. Philosophen, Theologen, spirituell Forschende unterschiedlichster Couleur, nicht zum wenigsten religiös Suchende haben sich seiner tief gründenden Texte angenommen. Schon seine Zeitgenossen erblickten in ihm den «deutschen Philosophen» (Philosophus teutonicus), wenn es auch zahlreiche Kritiker gab, die ihm nicht selten mit entschiedener Gegnerschaft entgegentraten.

Jakob Böhme verdanken wir ein durch geistige Schau empfangenes, alle Dimensionen der Wirklichkeit umspannendes, von den Kraftlinien einer unerhörten Dynamik durchpulstes Gemälde von Mensch und Welt. Das ihm überkommene statische Bild eines nur in sich ruhenden, eines nur an sich seienden, fernen Gottes, der sich nach der Schöpfung in die Passivität zurückgezogen habe, erfuhr durch ihn eine Verwandlung. Kein Wunder, dass seine mystisch-theosophischen Kundgaben den Hütern der orthodoxen Kirchlichkeit seiner Zeit als Ketzereien erschienen, denen man die offizielle Anerkennung versagte.

Zweifellos gehört Böhme zu den großen Querdenkern, die entsprechende Aufmerksamkeit verdienen. Er reiht sich in den Kreis jener ein, die ihre Leserschaft heute wie einst in besonderer Weise herausfordern. Und gerade weil sein äußerer Lebensweg als der eines relativ ungebildeten Handwerkers begann, dem es bestimmt war, sich als Autodidakt mit den geistig-seelischen Erschütterungen eines spirituellen Lebens auseinanderzusetzen, ist die Begegnung mit Böhmes Werk im vollen Sinn des Wortes atemberaubend. Beim Lesen wird man Zeile für Zeile Zeuge eines erstaunlichen Vorgangs, wenn man sieht, wie der schlichte Schuster mit seinen relativ beschränkten Denkmitteln, eine ganz ihm eigene Sprache entwickelnd, zu Werke geht, und wie er versucht, das innen Geschaute, das geistig Empfangene auf seinen Wirklichkeitsgehalt hin zu prüfen, um es für Mit- und Nachwelt in seiner Muttersprache sagbar zu machen. Es ist die Sprache der Luther-Bibel, die ihm von Hause aus vertraut ist.

Leben im Spannungsfeld der Geschichte

Jakob Böhme ist 1575 als Sohn angesehener Bauersleute evangelischen Glaubens lutherischer Prägung in Altseidenberg (heute: Stary Zawidów, Polen) nahe der böhmischen Grenze geboren. Sein Geburtstag ist nicht bekannt. Um so wichtiger ist der geschichtliche Augenblick, in dem sein Leben beginnt, weil er für die Entwicklung des jungen Mannes, der das Schusterhandwerk erlernte, von Bedeutung werden sollte. Die Reformation Martin Luthers hatte in ihren Nachwirkungen die religiöse Landkarte großer Teile Europas verändert. Da war zum einen der Ertrag dessen, was man im weitesten Sinn des Luther-Wortes, das wie ein Fanal gewirkt hatte, die «Freiheit eines Christenmenschen» nennt. Zum anderen waren im Zuge der Auseinandersetzung mit dem römischen Papsttum Bekenntnisgrenzen aufgerichtet worden. Doch man unterscheidet seitdem nicht nur evangelisch und katholisch als die beiden großen Konfessionen. Es gab in jenen Jahren der Gegenreformation und unmittelbar vor Ausbruch des Dreißigjährigen Kriegs (1618 – 1648) auch innerprotestantische Meinungsstreitigkeiten. Aus Sorge um die zu bewahrende «reine Lehre» wurden allerlei Fehden des Glaubens und Lebens von Kanzel zu Kanzel ausgetragen. Ins Unrecht setzte sich daher alsbald, wer – etwa aufgrund eigener spiritueller Erfahrung – die lutherische Dogmatik in irgendeiner Weise infrage stellte. Jakob Böhme sollte dies selbst in empfindlicher Weise zu spüren bekommen.

Selbst in Menschen, die wie er selbst durchaus gesonnen waren, in den Bahnen des lutherischen Glaubens zu wandeln, regte sich damals das Verlangen nach einer «Generalreformation», die beispielsweise im Zeichen von Kreuz und Rose, dem Rosenkreuz, der Fama von dem imaginierten Frater Christian Rosenkreuz und dessen Bruderschaft, die Gemüter bewegte. Ein Geschehen, das bis heute von sich reden macht! Auffällig ist die zeitliche, bis zu einem gewissen Grad auch spirituelle Parallelität, die zwischen den Manifesten von «Fama» und «Confessio Fraternitatis» und der «Alchymischen Hochzeit Christiani Rosenkreuz» des schwäbischen Theologen Johann Valentin Andreae einerseits, und den ebenfalls zu Beginn des 17. Jahrhunderts entstehenden Schriften Böhmes andererseits besteht.

Und da ist noch eine andere Problematik. Sie hängt mit der Weise zusammen, wie man um 1600 über den Lauf der Welt und über das Bewegungsverhältnis von Sonne und Erde dachte. Noch Luther hielt Nikolaus Kopernikus für einen «Narren», weil dieser das bis dahin gültige ptolemäische Weltbild ad absurdum führen wolle. Auch stand das neue Weltbild, nach dem sich die Erde um die Sonne bewegte, der hebräischen Bibel entgegen. Erst im Todesjahr ihres Autors Kopernikus (1543) hatte die epochemachende Schrift von der Erdbahn («De revolutionibus orbium caelestium») die Presse eines Nürnberger Druckers verlassen. Böhmes unmittelbare Zeitgenossen waren maßgebliche Repräsentanten dieser neuen Naturanschauung, etwa Johannes Kepler, Tycho Brahe und Giordano Bruno. Für naturwissenschaftlich nicht sonderlich Gebildete und mit dem lutherischen Katechismus vertraute Gläubige, wie Böhme einer war, lauteten die existenziell bedeutsamen, Besorgnis erregenden Fragen: Wo ist dann eigentlich der Himmel, wenn es sich so verhält, wie die zeitgenössischen Astronomen sagen? Wohin fährt die Seele, wenn sie den irdischen Körper verlässt? – Große Unsicherheit spricht aus diesen Fragen.

Böhmes Kernproblem

Zu diesen Zeitalterfragen, die den jungen Schustergesellen bewegten, gehört eine kaum weniger aufregende, nämlich die nach dem Ursprung des Dunklen, des Widerwärtigen, des Bösen. Woher kommt eigentlich das Böse («unde malum»)? So lautete diese schon uralte, beispielsweise bereits von den Gnostikern der frühchristlichen Epoche aufgeworfene Frage. Sie raubte Böhme den Schlaf. Er bekennt: «Ward ich derowegen ganz melancholisch und hoch betrübt, und konnte mich keine Schrift trösten, welche mir doch fast (d. i. durchaus) bekannt war ...» (Aurora 19, 9). Oft seien es «heidnische Gedanken» gewesen, die ihm «gewisslich der Teufel ... einbleuete». Darüber wolle er erst gar nicht reden, wohl weil dadurch seine lebenslang bewahrte Glaubensgewissheit zumindest zeitweise zu wanken drohte.

Und wenn er nicht nur in seiner «Aurora», sondern auch an anderer Stelle durchblicken lässt, dass ihn «keine Schrift» habe trösten, also zuverlässigen Aufschluss habe geben können über Grundfragen des in der Welt-Seins, so heißt das, dass er von allen ihm zugänglichen Büchern in dieser Hinsicht nicht zufriedengestellt werden konnte. Böhme gehörte aufgrund seiner begrenzten Schulbildung zwar nicht zu den humanistisch Gebildeten, deren es nicht wenige in Görlitz gab und mit denen er auch in Berührung kam. Des Lateinischen war er beispielsweise nicht mächtig; entsprechende Ausdruckweisen, etwa bei den lateinischen Überschriften seiner Bücher, eignete er sich erst nach und nach an. Aber von den volkssprachlich verfassten Schriften des Paracelsus dürfte er die eine oder andere studiert haben, zumal er sich dessen Ausdrucksweise mehrfach bedient, nicht nur in «De signatura rerum». Ähnliches trifft für das Gedankengut des Theologen Valentin Weigel oder des schlesischen Predigers Kaspar Schwenckfeld zu. Der eine oder andere der ihm bekannten Landedelleute, die auf den Schuster aufmerksam wurden, stand den in Schlesien verbreiteten Schwenckfeldianern nahe.

Dass Böhme auch alchymistisches Schrifttum zugänglich war, ersehen wir daraus, dass er einem seiner Briefpartner, Dr. Christian Steinberg, am 6. Juli 1622 rät: «Der Herr lese den ‹Wasserstein der Weisen›», ein Traktat, der in Bildern des alchymistischen Prozesses den inneren Reinigungs- und Erleuchtungsweg eines Christen schildert. Schon in seiner «Aurora» (Kapitel 22, 105) lässt er durchblicken, dass ihm Alchymie «in der Erkenntnis des Geistes» keinesfalls fremd sei, wiewohl nicht «durch Erfahrenheit», d. h. ohne praktisches Experimentieren. Weiteres Gedankengut dieser Art muss der geistig aufgeschlossene Schuster im persönlichen und schriftlichen Austausch durch eine Reihe gelehrter Freunde empfangen haben, die ihn besuchten und mit denen er zahlreiche Briefe, die «Theosophischen Sendbriefe», wechselte.

Elemente der jüdischen Mystik in Gestalt der Kabbala müssen ihm ebenfalls, und sei es auch nur bruchstückhaft, bekannt gewesen sein. Wir hören zum Beispiel, dass der weitgereiste, mit dem Werk des Paracelsus vertraute Arzt und Chemiker Dr. Balthasar Walther aus Liegnitz zeitweise in Böhmes Haus wohnte und dass Böhme mit ihm einen regen Gedankenaustausch pflegte, was sich naturgemäß in seinen Schriften bemerkbar machte. Dazu kamen Kontakte mit weiteren Ärzten und zum Teil gebildeten Landedelleuten. An geistig-religiösen Anregungen fehlte es also nicht.

Als Görlitzer Bürger von geistiger Schau überrascht

Was im übrigen das Geständnis jener bohrenden Fragen und Zweifel anlangt, so entstammen diese Aufzeichnungen der Niederschrift des etwa Siebenunddreißigjährigen. Denn Lebenentscheidendes ist seit seinem Abschied vom Elternhaus und seit der Familiengründung geschehen: Nach den Jahren der Wanderschaft, die ein Handwerksgeselle gemäß den Regeln seiner Zunft zu absolvieren hatte, ehe ihm der Titel eines Meisters zuerkannt werden konnte, heiratet er noch vor Vollendung seines 25. Lebensjahrs. Seine Frau wird Katharina Kuntzschmann, die Tochter eines Görlitzer Metzgermeisters. Er erlangt das Bürgerrecht der Stadt. Das erlaubt ihm, ein Haus zu erwerben, sich in Görlitz als Schuhmachermeister niederzulassen und neben einer Reihe anderer Schuster-Kollegen eine «Schuhbank» am Untermarkt der Stadt zu errichten. Die Daten dieser Ereignisse sind auf die übliche Weise dokumentiert, teils in den Kirchenbüchern der lutherischen Gemeinde, teils in den städtischen Protokollen. Nicht zu vergessen sind seine vier Söhne, deren Geburtsdaten aus dem Taufregister der Pfarrei zu ersehen sind.

Bürgerlich und beruflich etabliert, wird Jakob Böhme in

der fraglichen Zeit, das heißt im Jahre 1600, von einem Ereignis überrascht, das zum einen eine spirituelle Antwort auf die erwähnte Zeitalterproblematik ist, und andererseits seine von Schwermut überschattete individuelle Lebenslandschaft blitzartig erhellt. In dem biographisch bedeutsamen 19. Kapitel seiner Erstlingsschrift mit dem Titel «Aurora oder Morgenröte im Aufgang» findet er dafür die bekenntnishaften Worte:

«Als sich aber in solcher Trübsal mein Geist ... ernstlich in Gott erhob, als mit einem großen Sturme und mein ganz Herz und Gemüte samt allen andern Gedanken und Willen sich alles darein schloss, ohne Nachlassen mit der Liebe und Barmherzigkeit Gottes zu ringen, und nicht nachzulassen, Er segnete mich denn, das ist: Er erleuchtete mich denn mit seinem heiligen Geiste, damit ich Seinen Willen möchte verstehen und meiner Traurigkeit los werden – so brach der Geist durch!»

Für ihn sei es ein einzigartiges Durchbruchserlebnis gewesen. Denn in großer Erschütterung sei sein Geist «durch der Höllen Pforten durchgebrochen bis in die innerste Geburt der Gottheit». Und gleichsam von der anderen Seite her sei er mit Liebe umfangen worden, «wie ein Bräutigam seine liebe Braut umfängt». Mit einem Wort: «Ein Triumphieren im Geiste» sei es gewesen, das sich seiner Einzigartigkeit wegen weder durch das Wort noch mit der Schrift ausdrücken lasse. Es sei dem vergleichbar, so deutet Böhme das außerordentliche Widerfahrnis an, «wo mitten im Tode das Leben geboren wird». Ja, gleichsam mit der Auferstehung von den Toten sei er dabei konfrontiert worden. Nicht minder bedeutsam sollte für ihn das werden, was er teils sinnenhaft, teils übersinnlich wahrgenommen hatte. Denn «in diesem Lichte hat mein Geist alsbald durch alles gesehen und an allen Kreaturen, sowohl an Kraut und Gras Gott erkannt» – eine Transparenz-Wahrnehmung, in der sich der Schöpfer in seinen Geschöpfen auf wundersame, ihm, Böhme, bislang unbekannte Weise bezeugt habe. Wer sich nach der Eigenart der Böhmeschen Spiritualität erkundigt, der kann sich daher an solche Feststellungen aus seiner Feder halten: Eine Mystik und eine Theosophie ist es, welche die Natur, samt allen Erscheinungen der Schöpfung als Erlebnisbereiche der Gotteserfahrung einbezieht.

Der Schuster wird zum Schriftsteller

Und nicht genug mit diesem Erleben, das nach dem Bericht seines ersten Biographen Abraham von Franckenberg (1595 – 1652) durch das Aufblitzen eines Lichtstrahls an einem Zinngefäß ausgelöst worden sein mag: Es folgt daraus eine weitere biographische Besonderheit, die festgehalten werden muss. Denn Böhme will das Unsagbare und Unbeschreibliche dennoch zum Ausdruck bringen. Daher die knappe Feststellung: «Auch so ist alsbald in diesem Lichte mein Wille gewachsen, mit großem Trieb das Wesen Gottes zu beschreiben.» Nicht literarische Studien, die einem Bücherwissen entstammen, stehen somit am Anfang des Böhmeschen Werks, sondern dieses sein Durchbruchs- und Erleuchtungserlebnis hat ihn ermächtigt, ein spiritueller Schriftsteller zu sein und zum Autor zahlreicher Schriften zu werden. Doch dauert es volle zwölf Jahre, bis er imstande ist, jenes erste große Manuskript Zeile um Zeile zu verfassen, das die Aufschrift trägt: «Morgenröte im Aufgang – Das ist die Wurzel oder Mutter der Philosophia, Astrologia und Theologia». Da liest man:

«Ich nehme mein Schreiben und Buch nicht von andern Meistern. Und ob ich gleich viel Exempel und Zeugnisse des heiligen Gottes darinnen führe, so ist mir doch solches alles von Gott in meinen Sinn geschrieben, dass ichs ganz ungezweifelt glaube, erkenne und sehe, nicht im Fleisch, sondern im Geiste, im Trieb und Wallen Gottes» (Aurora 3,48).

Wie es ihm bei der Niederschrift ergangen sein mag, wissen wir nicht. Denn der «feurige Trieb», durch den seine Autorschaft gekennzeichnet ist, ließ seine Feder oft in großer Eile übers Papier gleiten. Es war ein aus der Mitte und Tiefe seines Bewusstseins kommendes Schreiben. Und mancher seiner vertrauten Freunde, die ihn in der Schusterstube aufgesucht haben, mag ihm dabei staunend und rätselnd über die Schulter geschaut haben. Nicht nur das: Noch ehe das Buchmanuskript fertig ist, entsteht die eine und andere Abschrift – alles in allem eine besondere Fügung, wenn man auf die dramatischen Vorgänge des Jahres 1613 sowie der Folgezeit blickt.

Als Ketzer beschimpft

Denn nicht nur Wohlmeinende, an seinem Schaffen Interessierte erfahren von den Aufzeichnungen, sondern auch der in der Neißestadt geborene Görlitzer Oberpfarrer (Primarius) Gregorius Richter (1560 – 1624), ein ebenso theologisch gebildeter wie vom Eifer um die lutherische Rechtgläubigkeit erfüllter Seelsorger, der über die Bewahrung der «reinen Lehre», d. h. über «Schrift und Bekenntnis», wachte. Er wurde zwar vom Magistrat an der Hauptkirche St. Peter angestellt und der übrigen Pfarrerschaft (Magisterium) nur übergeordnet, aber diese Berufung konnte er für die Ausübung seines geistlichen Wächteramts uneingeschränkt nutzen. Er bestimmte somit, was mit einer als missliebig empfundenen Äußerung eines protestantischen Bürgers, gar mit einer eventuell zur Veröffentlichung bestimmten Niederschrift zu geschehen habe. In dieser Funktion, die an die römische Inquisition erinnert, kann er nicht dulden, dass eines seiner Gemeindeglieder, noch dazu ein «unbefugter» schlichter Schuster, sich über die Mysterien der Gottesweisheit (Theosophie) äußert. Und so ergreift er die Initiative zur Verfolgung. Auf seine Veranlassung hin wird das Buchmanuskript durch den Stadtrat konfisziert. Bartholomäus Scultetus (1540 – 1640), der als Mathematiker und als ein dem neuen Geist verpflichteter Astronom sehr angesehene Görlitzer Bürgermeister, lässt Böhmes Werk aufs Rathaus bringen und nimmt ihn selbst für kurze Zeit in Gewahrsam, als habe sich der unbescholtene Bürger etwas zu Schulden kommen lassen. In seinem Diarium ist der Vorgang festgehalten. Da heißt es: «1613, den 26. Juli, ward Jakob Böhme, ein Schuster zwischen den Toren hinter der Spitalschmiede, zum Ablohnen (Bestrafen) aufs Rathaus gefordert und um seinen enthusiastischen Glauben gefragt, darüber in Stock eingesetzt und sobald durch Oswalden (einen Gemeindediener) sein geschriebenes Buch in Quarto aus seinem Hause abgeholt, darauf er wieder aus dem Gefängnisse entlassen und ermahnt worden, von solchen Sachen abzustehen.»

Dass dieser «enthusiastische» Schuster zum Empfänger einer spirituellen Offenbarung geworden ist, die ihn geradezu überwältigt hat, will man nicht wahrhaben. Aus der Sicht lutherischer Orthodoxie, die sich an das reformatorische Formalprinzip «Allein die Schrift» (Sola scriptura) gebunden weiß, ist religiöse Erfahrung dieser Art als Ausdruck einer unbiblischen «Schwärmerei» in hohem Maße verdächtig! Luther selbst war mit Entschiedenheit ähnlichen Geistern wie Thomas Müntzer, Kaspar Schwenckfeld oder Sebastian Franck entgegengetreten. Und so waltet Pfarrer Richter als Ketzerrichter seines inquisitorischen Amtes, indem er dem Schuster die Abfassung weiterer derartiger Aufzeichnungen ein für allemal verbietet. Sein in monatelanger Arbeit entstandenes Manuskript, betitelt die «Morgenröte im Aufgang», hat Böhme niemals mehr zu Gesicht bekommen!

Durch den Oberpfarrer eingeschüchtert und von der Kanzel herab als Irrlehrer beschimpft, wäre Böhme für immer verstummt, so dass wir von ihm und seiner Schau heute nichts wüssten, hätten nicht die Freunde der «Aurora» in den Autor gedrungen, das ihm anvertraute «Talent» ja nicht ungenutzt liegen zu lassen, sondern zum Segen seiner Mit- und Nachwelt weiterhin schriftstellerisch tätig zu bleiben. Solchen Freunden vertraute er gelegentlich an, wie es um ihn innerlich stand, wie er die Macht des Widersachers zu spüren bekam, aber auch, wie ein «feuriger Trieb» ihm Anstöße zu neuem Schaffen gegeben habe: Sein äußerer Mensch habe eigentlich nichts mehr aufschreiben wollen und seine Gaben seien «vom Teufel und von der Welt verdeckt worden» (ep. 1, 17). «So war die Vernunft sehr schwach und zaghaftig, denn mir auch zugleich das Gnadenlicht eine ziemliche Zeit entzogen war, und glomm in mir als ein verborgen Feuer, dass also nichts denn Angst in mir war – von außen Spott, von innen ein feuriger Trieb» (ep. 12, 13). Doch durch eben diesen Trieb empfing er Impuls und Legitimation für seine weitere Autorschaft.

Das Werk schreitet fort

Nach jahrelangem Schweigen lässt sich Jakob Böhme zur Fortsetzung seiner Schriftstellerei bewegen. So entsteht zwischen 1618/19 und seinem Todesjahr 1624 das restliche Werk, das im Druck einige tausend Seiten umfasst. Dabei ist er bestrebt, das in der «Aurora» noch einigermaßen schwer Verständliche deutlicher zu formulieren. Vor allem kommt es ihm darauf an, eine Gesamtschau von Gott, Welt und Mensch in der ihm gegebenen spirituellen Deutung zu Papier zu bringen.

Was die Inhalte seiner Niederschriften anlangt, so stehen sie zwar nicht in erklärtem Widerspruch zur biblischen Botschaft. Aber unverrückbar lebt in ihm das Wissen, ebenso wie andere inspirierte Menschen von Gott gelehrt zu sein: «Denn Gott hat mir das Wissen gegeben. Nicht ich, der ich der Ich bin, weiß es, sondern Gott weiß es in mir ... Er ist mein Leben, habe ichs doch weder gesucht noch gelernt. Er neigt sich zu meiner Ichheit, und meine Ichheit neigt sich in ihn» (Wider Tilke II, 72 und 75).

Stellt das Fragment gebliebene Erstlingswerk der «Morgenröte» so etwas wie die Intonation eines großen Inspirationsprozesses dar, so lassen sich die in rascher Folge entstehenden weiteren Schriften als Entfaltung und bisweilen auch als Präzisierung und Neuakzentuierung des Begonnenen verstehen. Deutlich wird dies in seinem zweiten Werk, das von den «Drei Prinzipien» handelt. Böhme hat es seinen Lesern als einen «Schlüssel und Alphabet» zum Verständnis seiner ganzen Philosophie empfohlen (ep. 12,67). Ähnliches sagt er in diesem Zusammenhang von seinem Buch «Vom dreifachen Leben». «Mit 40 Fragen von der Seele», einem Werk, zu dem ihn sein Freund, der bereits erwähnte weit gereiste Arzt und Kenner der Kabbala Balthasar Walther angeregt hat, nimmt er zu einer Reihe von Einzelproblemen Stellung. Wir erfahren darin u. a., wie er seine Schau der Dinge in Gestalt einer «philosophischen Kugel» skizziert. Auch der gleichnamige Kupferstich geht auf Böhme selbst zurück.

Wie stark das zum Teil mit Paracelsus verbundene alchymistische Überlieferungsgut in die Vorstellungswelt Böhmes hineinreicht, wird an «De signatura rerum» (Von der Geburt und Bezeichnung aller Wesen) deutlich. Es ist ein Buch, das sich u. a. mit der zeitüblichen Signaturenlehre beschäftigt. Darunter ist die analoge Vorgehensweise zu verstehen, die vom Erscheinungsbild etwa einer Pflanze oder eines Minerals ausgeht, um das ihnen jeweils zugrunde liegende Wesen seiner Qualität nach zu verstehen. Auf diese Weise artikuliere sich die Schöpfung. Denn, so heißt es im 9. Kapitel (9,1.4):

«Die ganze äußere sichtbare Welt mit all ihrem Wesen ist eine Bezeichnung oder Figur der inneren geistlichen Welt; alles was im Inneren ist und wie es in der Wirkung ist, hat auch seinen Charakter äußerlich ... also hat auch ein jedes Ding, das aus dem Innern ist geboren worden, seine Signatur.»

Und weil dem Autor nicht verborgen bleiben konnte, dass vieles in seinen Schriften trotz mancher Aufschlüsse rätselhaft erschien, verwies er auf «Von der Gnadenwahl». Von diesem das Problem des freien Willens behandelnden Buch meinte er sagen zu können, dass es sich um sein klarstes handle. Erstaunlich ist gewiss, dass es hier der Schuster wagt, entgegen der Lehre der Reformatoren für die Willensfreiheit einzutreten – ein weiterer Grund, der den Zorn des Primarius Richter erregte. Kaum minder bemerkenswert ist schließlich der umfangreiche Genesis-Kommentar, den Böhme in dem 1623 vollendeten, im Druck mehr als 800 Seiten umfassenden «Mysterium magnum» niederlegte. Es ging ihm in diesem Werk darum, Gott als das «Wesen aller Wesen» begreiflich zu machen, um sodann in der Gegenüberstellung von Adam und Christus das «Reich der Natur» und das «Reich der Gnade» zu beschreiben.

Was schließlich jenes Büchlein «Der Weg zu Christus» oder «Christosophia» anlangt, das als einziges noch zu Böhmes Lebzeiten die Druckerpresse verlassen hat, so ist es ein Beleg dafür, dass es dem Autor nicht nur darum ging, in seinen Schriften ein umfassendes Bild von Gott, Welt und Mensch zu bieten und vom Geheimnis der göttlichen Sophia (Gottes Weisheit), wie er sie erfahren hatte, Zeugnis abzulegen. Ihm war es darüber hinaus stets ein Herzensanliegen, suchende Menschen auf den Weg einer inneren Entwicklung zu stellen und sie bei dem geistlichen Prozess zu begleiten, den er selbst durchlaufen hatte. Dafür stehen auch seine «Theosophischen Sendbriefe», die oft eine seelsorgerliche Tendenz aufweisen, im übrigen aber auch seine Lebensumstände offen legen, wie sie sich aus der Art seiner Adressaten erschließen lassen. Ehe der Briefschreiber den betreffenden Empfänger anredet, heißt es etwa im Brief, den er an Mariä Himmelfahrt 1621 an den Zolleinnehmer Kaspar Lindner zu Beuthen gehen lässt: «Der offene Brunnquell im Herzen Jesu Christi sei unsere Erquickung und führe uns in sich ein, auf dass wir in seiner Kraft leben, uns in ihm erfreuen und in seiner Einigung uns in ihm lieben, erkennen und in einen Willen treten» (ep. 12, 1). Unverkennbar spricht aus diesem Segenswunsch die Überzeugung, dass es sich um eine offene, immer zugängliche spirituelle Quelle handelt, die Böhme den ihm zugewandten Freunden erschließen möchte.

Inspiriert von der Jungfrau Sophia

Aus diesem «offenen Brunnquell» schöpfte Jakob Böhme letztlich. So anregend die Spurensuche sein mag, die in der angedeuteten Weise zu Paracelsus, zu den Alchymisten, zur kabbalistischen Tradition und zum Grundbestand biblischer Offenbarung führt, so unverzichtbar ist jener «offene Brunnquell im Herzen Jesu Christi», der ihn zum schriftstellerischen Schaffen animiert hat. Wie er schon in der «Aurora» von einem «feurigen Trieb» sprach, so lässt der Schreiber aller dieser Schriften keinen Zweifel darüber aufkommen, dass ihr eigentlicher Autor Gott selbst sein müsse, und zwar als jene Gottesweisheit, als Sophia, die Böhme als sorgfältiger Bibelleser aus den sogenannten «Sprüchen Salomonis» Kapitel 8 und aus anderen Stellen der Schrift kannte.

Wie sehr ihm diese Weisheit zu einer Erfahrungstatsache geworden ist, die die Gesamtheit seines literarischen Schaffens bestimmt, erfährt man in seinem zweiten Buch, das den «Drei Prinzipien» gewidmet ist. Schlägt man das 18. Kapitel auf, in dem Böhme vom Gnadenerweis spricht, durch den ihm das Mysterium der Offenbarung zugänglich geworden sei, so heißt es von dieser Instanz, nämlich von der Jungfrau Sophia:

«Denn die Jungfrau hat uns eine Rose verehrt. Von der wollen wir schreiben mit solchen Worten, als wir im Wunder sehen. Und anders können wir nicht, oder es ist unsere Feder zerbrochen und die Rose von uns genommen.» Geschehen sei dies, «da wir lagen am Berge gegen Mitternacht im Streit und Sturm vor Babel». Womit angedeutet ist, dass Böhme sein Schaffen letztlich auch im

Zusammenhang mit der widergöttlichen Macht (Babel) versteht. Seine Autorschaft aber stehe unter einem ganz anderen Zeichen, nämlich unter dem der göttlichen Jungfrau: «Darum schreiben wir aus einer andern Schule, darinnen der irdische Leib mit seinen Sinnen nie studiert hat, auch das ABC nie gelernt. Denn in der Jungfrau Rose lernten wir das ABC.» Das will heißen: Der Gehalt seiner Schriften ist von der ihn inspirierenden Instanz, von der Sophia, bestimmt. Es handelt sich also um *Theosophie,* soweit es um das Reden von Gott geht, um *Kosmosophie*, wenn es um Naturerkenntnis geht, um *Anthroposophie*, wenn der Schreiber von Ursprung, Fall und Wiedergeburt des Menschen berichtet. Und *Christosophie* meint im Grunde keine bloße Beschreibung des Christusmysteriums nach Art theologisch-dogmatischer Unterweisung, sondern stellt den «Weg zu Christus» dar, was auch der Titel der erwähnten meditativen Schrift von 1624 ist. Jeder und jede Einzelne ist aufgerufen, auf dem inneren Weg zu Christus voranzukommen. Herzstück dieses Prozesses ist die von Böhme immer wieder mit großem Nachdruck empfohlene «Wiedergeburt».

«Die Morgenröte bricht an»

Die Zeit ist nahe, «der Bräutigam kommt». Dieses Evangelienwort hat sich Böhme, nicht zuletzt mit Blick auf die gefahrvollen Zeitereignisse, mehr und mehr zu eigen gemacht. Es charakterisiert auch seine letzte Lebenszeit, in der er damit rechnet, dass angesichts der Wirren des auch nach Schlesien flutenden Dreißigjährigen Kriegs mitten im «Streit um Babel» die Morgenröte anbreche. Biographisch gesehen handelt es sich darum, dass Entstehung und abschriftweise Verbreitung seiner Schriften nicht nur den Kreis der Freunde und der auf dem «Weg zu Christus» befindlichen geistlichen Schüler immer größer werden ließ. Auch die mit Gregor Richter begonnene Gegnerschaft, sowie die Gruppe der Skeptiker, die Böhme in Diskussionen verwickelte, nahm in den zwanziger Jahren zu.

Böhme hatte Gründe, seine Görlitzer Schuhbank aufzugeben und vom Schuhmacherhandwerk zum Garnhandel überzuwechseln, den er fortan zusammen mit seiner Frau Katharina betrieb. Das machte kürzere und längere Fußreisen durch die Lausitz, nach Schlesien und gelegentlich sogar bis nach Prag nötig. So gering der wirtschaftliche Ertrag dieser Tätigkeit war, das Unterwegssein bot ihm Gelegenheit, seine Freunde zu besuchen. Viele kennen wir namentlich aus seinen «Theosophischen Sendbriefen», allen voran Karl Ender von Sercha, mit dem er sich so gut verstand, dass er ihm anfangs das Manuskript seiner «Aurora» zur handschriftlichen Kopie anvertraut hatte. Zeitweise hielt sich der fahrende Händler auf Enders Schloss Leopoldshain auf, wo er kurze Zeit Ruhe fand, um einige Kapitel seines zweiten Buches «Von den drei Prinzipien» niederzuschreiben. Als Kopist mehrerer Manuskripte wurde ihm Christian Bernhard aus Sagan wichtig. Weitere aufgeschlossene Landedelleute sind zu nennen, unter ihnen Johann Siegismund von Schweinichen, der für die Drucklegung der kleinen Schrift «Weg zu Christus» einstand, oder der begüterte Kaspar von Fürstenau. Zu nennen ist vor allem auch der Verfasser der ersten biographischen Skizze über Böhme: der Jurist Abraham von Franckenberg, der seinerseits im Austausch mit gleichgesinnten Anhängern stand. Nicht zu vergessen ist ferner eine Reihe von Ärzten. Balthasar Walther aus Liegnitz wurde bereits genannt. Freundschaftlich verbunden war die Böhme-Familie mit dem Görlitzer Doktor Tobias Kober, der sich später um die ordnungsgemäße Beerdigung seines Freundes kümmerte.

Was die nicht geringe Schar der Kritiker und Gegner anlangt, so sah Böhme diesen Sachverhalt durchaus positiv. Selbst Pfarrer Richter war für ihn ein «Treibhammer», d. h. einer, der ihm zwar, äußerlich betrachtet, schadete, aber letztlich durch seine Gegnerschaft die innere Sache vorantrieb. Das trifft nicht weniger für jene zu, die, wie Balthasar Tilke, ein anderer Adliger aus Schlesien, oder ein gewisser Esaias Stiefel und dessen Neffe Ezechiel Meth Böhmes Lehre widersprachen. Denn diese Gegensätzlichkeit nutzte der Görlitzer Meister, um sich in «Schutzschriften» dagegen zu verwahren. So konnte er manches klarstellen, was bislang zu Rückfragen Anlass gegeben hatte. Eigens zu nennen ist in diesem Zusammenhang ein Treffen, das in Striegau stattfand und bei dem sich ein gewisser Dr. Staritz (Staritius) hervortat. Der sprachgewandte Gelehrte, der sich als Paracelsus-Herausgeber einen Namen gemacht hatte, bereitete dem des Lateinischen unkundigen Schuster nicht geringe Schwierigkeiten. Verständlicherweise war Böhme ihm nicht gewachsen. Mehr noch irritierten den an eine sparsame Lebensweise gewohnten Mann die angebotenen Speisen und alkoholischen Getränke.

Große Erwartungen setzte Böhme auf eine Einladung – man müsste eher sagen: Vorladung – , die ihn im Frühjahr 1624 an den kursächsischen Hof nach Schloss Pillnitz bei Dresden rief, wo er im Auftrag oder mit Billigung des Kurfürsten zum Wesen seiner Lehre befragt wurde. Die Situation wurde auch durch die Tatsache bestimmt, dass die Gegnerschaft in Görlitz einen neuen Höhepunkt erreicht hatte. Die Verleumdungen belasteten die ganze Familie, ohne dass Böhme an Ort und Stelle mit einer schützenden Hand rechnen konnte. Anlass zu der neuerlichen Verfolgung war die Drucklegung des Büchleins «Weg zu Christus» (Christosophia). Doch der eigentliche Grund, weshalb er im Frühsommer 1624 die Stadt für geraume Zeit verließ, war eben die Einladung nach Schloss Pillnitz. Tragischerweise war Böhme nicht imstande, seine tatsächliche momentane Lage zu erkennen, die in dem Ruf an den sächsischen Hof zum Ausdruck kam. In Verkennung des Sachverhalts rechnete er damit, dass sein gedrucktes Buch bereits zu wirken beginne. Er hoffte, man lese es in Dresden, man liebe es sogar: «Ich hoffe noch, es wird bald die Zeit der großen Reformation kommen», schrieb er an die wenigen in Görlitz verbliebenen Freunde, und die von ihm sehnlichst erwartete «Morgenröte» einer spirituellen Erneuerung, die nun auch in die Breite wirke, stehe nahe bevor.

Doch davon konnte keine Rede sein. Nicht belehren oder missionieren lassen wollten sich die Räte und Theologen vom sächsischen Hof, sondern aushorchen und prüfen wollten sie ihn. Einem Bericht zufolge begriffen sie überhaupt nicht, was der rätselhafte Schuster zu sagen hatte. Keine Spur also von einer geistlichen Umkehr, die in Kirche und Pfarrerschaft zu erwarten gewesen wäre. In größerem Maßstab wirksam wurden seine Schriften, die zunächst noch als Manuskripte von Hand zu Hand gingen, erst lange nach dem Tod des Meisters, als alle Textunterlagen, Originale wie Abschriften, gesammelt und gesichert wurden, wodurch schließlich die ersten Drucke und Gesamtausgaben in Holland in die Wege geleitet werden konnten.

Tragisches Ende

Böhmes Tage waren bereits gezählt, als er nach mehrwöchigem Aufenthalt gegen Ende Juni nach Görlitz zurückkehrte. Wenn er fest damit gerechnet hatte, dass «die Glocke zu Babel» machtvoll geläutet würde, womit er meinte, dass ein untrügliches Zeichen für das Ende der geistentfremdeten «Mauerkirche» und ihrer Helfershelfer in der Pfarrerschaft gesetzt worden sei, so war auch dies ein Trugschluss! Er selbst war gezeichnet von einer Todeskrankheit, die nach heutigem Urteil mit einem Leberleiden sowie mit Herzschwäche zusammenhing. Entgegen ärztlichem Rat ließ er sich aber nicht davon abhalten, alsbald zu einer weiteren, seiner letzten Fahrt ins Schlesische aufzubrechen. Er hielt sich bei seinem Freund Johann Siegismund von Schweinichen auf Schweinhaus auf, ehe er, arg geschwächt, zur endgültigen Heimkehr aufbrach.

Man schrieb den 7. November, als er daheim ankam. Da Ehefrau Katharina ihrerseits in geschäftlichen Angelegenheiten unterwegs war, nahmen sich einige Freunde, unterstützt durch Dr. Tobias Kober, der Pflege des ernstlich Erkrankten an. Der Tod war abzusehen. Nach der gemäß orthodoxer Ordnung obligatorischen Generalbeichte, die einem nochmaligen strengen Glaubensverhör entsprach, und nach Empfang des Sakraments war Jakob Böhme «reisefertig»: «Nun fahre ich hin ins Paradeis», waren seine letzten Worte. Er starb am 17. November 1624. So liest man auf dem Grabstein aus dem Jahre 1869. Doch dieses allgemein übernommene Datum ist umstritten, weil es Angaben der Witwe gibt, dass bereits der 16. November der Todestag ihres Mannes gewesen sei.

Einen ehrenvollen Abschied gestaltete die Görlitzer Kirchengemeinde samt Pfarrerschaft ihrem Mitglied nicht. Zwar begleiteten seine Zunftgenossen und andere Handwerker seinen Sarg zum Nikolai-Friedhof am Rand der Stadt, wo er am 18. November seine letzte Ruhe fand. Doch der Vollzug der Beerdigung hatte durch den Magistrat erzwungen werden müssen, weil der derzeit amtierende Pfarrer – Gregor Richter war wenige Monate zuvor ebenfalls gestorben – es abgelehnt hatte, diesem «Ketzer» das letzte Geleit zu geben. Auch von einer fanatisierten Menge wird berichtet. Aufgebrachte Gläubige schändeten das von Freunden gestiftete Grabkreuz.

So war es nur wenigen Zeitgenossen gegeben, das Wesen des Meisters und den spirituellen Reichtum zu schätzen, den Jakob Böhme der Nachwelt in seinen Schriften hinterlassen hat. Indessen begann sein Werk aus der Stille heraus senkfkornartig zu wirken und Geistesverwandte, Geistoffene in aller Welt anzusprechen.

Giordano Bruno – ein Ketzer?

(Zu seinem 400. Todestag
am 17. Februar 2000)

Im Zeitalter geistiger und naturwissenschaftlicher Umbrüche

Nicht die Wahrheit, in deren Besitz irgendein Mensch ist oder zu sein vermeint, sondern die aufrichtige Mühe, die er aufgewandt hat, hinter die Wahrheit zu kommen, macht den Wert des Menschen. Denn nicht durch den Besitz, sondern durch die Nachforschung der Wahrheit erweitern sich seine Kräfte, worin allein seine immer wachsende Vollkommenheit besteht. Der Besitz macht ruhig, träge, stolz!» –

Diese bedenkenswerte Feststellung aus der Feder von Gotthold Ephraim Lessing trifft in hohem Maße für Menschen vom Rang eines Giordano Bruno zu. Von Ruhe und Trägheit kann bei diesem im Grunde seines Wesens und seiner Forschergesinnung nach «faustischen» Menschen mit einem vulkanisch anmutenden Charakter am allerwenigsten die Rede sein, gerade weil das Verlangen nach Wahrheit und nach Wirklichkeitserkenntnis ihn lebenslang unruhig sein ließ. In der kurzen Spanne seines gewaltsam beendeten Lebens gab es für ihn keinen Augenblick, der ihm erlaubte, in seiner rastlosen Wahrheitssuche innezuhalten, um sich etwa in einer ihm fremden Selbstzufriedenheit zu wiegen. Allenfalls Gefühle eines berechtigten und eines menschlich verständlichen Stolzes mögen sich bei ihm bisweilen eingestellt haben, war er sich doch bewusst, zu immer neuen Erkenntnissphären vorzustoßen und der faszinierenden Einheit des Bestehenden, des Gewesenen wie des Werdenden, gewiss werden zu können.

Will man sich klar machen, in welchem Zeitabschnitt der abendländischen Geschichte Giordano Bruno gelebt und gewirkt hat, dann mag es genügen, dass man an einige Gestalten erinnert, die auf der Schwelle zur Neuzeit weithin sichtbare Zeichen eines Wandels und eines Neubeginns gesetzt haben. –

Da ist, um mit einem naturwissenschaftlichen Datum zu beginnen, die in einem sehr buchstäblichen Sinn umwälzende Entdeckung des Nikolaus Kopernikus (1473 – 1543): Nicht die Erde ist es, die von der Sonne und den Wandelsternen umkreist wird, sondern die Sonne stellt einen Mittelpunkt im kosmischen Geschehen dar, um den sich die Planeten drehen. Mehr noch, deren Bahnen sind, wie wir seit Johannes Kepler (1561 – 1630) und Galileio Galilei (1564 – 1642) wissen, berechenbar. Was dies für eine nach theonomen, d. h. nach religiös vorgegebenen Anschauungen lebende Menschheit bedeutet, kann man im nachhinein nur ermessen, wenn man sich des revolutionären Charakters dieser Einsicht bewusst wird.[1] Bis dahin galt das Feststehen der Erde als eine unbestreitbare Tatsache, die

1 Die Bezeichnung «revolutionär» leitet sich vom Titel der programmatischen Schrift des Kopernikus «De revolutionibus orbium coelestium» (Über die Bewegung der Himmelskreise) ab und steht demnach ursprünglich für eine astronomische Tatsache.

einerseits durch antike Denker und Naturforscher vom Range eines Aristoteles oder Ptolemäus garantiert schien. Zum anderen, und das war noch bedeutsamer, las man die Bibel, insbesondere die Schöpfungsgeschichte des Alten Testaments, wie einen naturkundlichen Bericht, der ebenfalls das Feststehen der Erde bestätigte. Wenngleich man wusste, dass es sich bei der Bibel in erster Linie um ein Dokument der religiösen Offenbarung handelt, war man bis in die Neuzeit herein überzeugt, dass das, was als «Wort Gottes» überliefert sei und in der Bibel stehe, in jeder Hinsicht gelten müsse, eben auch bei naturkundlicher Betrachtung. Nur so ist es beispielsweise verständlich, dass ein anderer Zeitgenosse und «Revolutionär», der Wittenberger Reformator Martin Luther (1483 – 1546), den Entdecker des heliozentrischen Weltbildes als «Narren» titulierte, der die ganze Weltgeschichte habe umkehren wollen. Dem mochte Luthers jüngerer Mitarbeiter, der berühmte Humanist und praktizierende Astrologe Philipp Melanchthon (1497 – 1560), mit abfälligen Bemerkungen nicht nachstehen. Andererseits hieß er es immerhin gut, dass an der Wittenberger «Artistenfakultät» zwei Mathematiker Anstellung fanden, Joachim Rhaeticus und Erasmus Reinhold, die für die Forschungen des Kopernikus eintraten.[2]

Dennoch schienen in diesen Zeiten des Übergangs und der Wandlung des allgemeinen Bewusstseins wissenschaftliche wie philosophische Bildung und die Pflege traditioneller vorwissenschaftlicher Anschauungen wie Astrologie, Alchymie, Magie u.ä. bis zu einem gewissen

2 Werner Elert: *Zwischen Gnade und Ungnade.* Kaiser Verlag München 1948, S. 109 f.

Grad miteinander vereinbar zu sein. Das geschah wohl nicht zuletzt deswegen, weil nach den damaligen religiösen Grundanschauungen die spirituelle Dimension mit der materiellen Realität zusammenhing. Man denke hier auch an einen Arzt und Naturphilosophen von der Genialität des Paracelsus (Theophrastus Bombastus von Hohenheim, 1493 – 1541), der mit großer Selbstverständlichkeit seine naturwissenschaftliche Weltsicht und sein ärztliches Handeln mit alchymistischen bzw. esoterischen Anschauungen zu einem lebendigen Ganzen zu verbinden vermochte.

Was Kopernikus selbst anlangt, so meinte er zwar beinahe geringschätzig, dass seine Hypothese von der Mittelpunktsposition der Sonne schon von den alten Griechen angedacht worden sei, weshalb man sie im Hinblick auf die zeitgenössischen Naturforscher nicht überbewerten solle. Er bezieht sich sogar auf den mythischen Hermes Trismegistos, den «dreimal größten Hermes», dem im Zeitalter der Renaissance und des aus den literarischen Quellen der Antike schöpfenden Humanismus höchste Autorität zugesprochen wurde.

Dennoch steht aus heutiger Sicht außer Zweifel, dass die durch Kopernikus herbeigeführte Wende in ihrer Bedeutung kaum überschätzt werden kann. Denn hegte man Jahrhunderte lang die Vorstellung von der in sich ruhenden Schöpfung, in deren Mitte die Erde ihren anscheinend dominierenden Platz einnimmt, so war mit dem Aufweis der Bewegung der Erde und der übrigen Planeten um die Sonne eine bislang unbekannte Dynamik in die Betrachtung des Universums hineingekommen. Es bedurfte geraumer Zeit, bis man sich der Tragweite der

Entdeckung des Kopernikus voll bewusst wurde. Denn hätten die kirchlichen Ordnungshüter sie schon zu seinen Lebzeiten ernst genommen, wären die römischen Inquisitoren zweifellos sehr viel früher auf den Plan getreten und auf ihre typische Weise tätig geworden. Somit liegt der bemerkenswerte Umstand vor, «dass der erste Mensch, der die astronomische Situation unseres Planeten im Kosmos durchschaute – nämlich Giordano Bruno –, von seinen Mitmenschen dieser Erkenntnis wegen hingerichtet worden ist. Hinter der unnachsichtigen Strenge des Urteils stand entscheidend die durch Gesetz und Tradition (scheinbar) legitimierte Überzeugung der kirchlichen Autoritäten, dass ein Angriff auf die von ihnen gehütete offizielle Heilslehre eine Verteidigung auch in dieser Form nicht nur rechtfertige, sondern sogar unausweichlich erfordere.»[3]

Bruno hat wie kaum ein anderer die Denkweisen der Renaissance aufgenommen und selbstständig fortgeführt. Unter Renaissance versteht man eine spezielle Kulturepoche auf der Schwelle zur Neuzeit, eine Epoche der Rückbesinnung, einer geistig-kulturellen Bestandsaufnahme, aber auch eines Übergangs.

«So frei Bruno auch im Umgang mit Anregungen ist, so bündeln sich in ihm gleichwohl die bedeutendsten Anstöße der Renaissance – und zwar unter dem Signum des Monismus, der All-Einheitslehre, die ebenso folgerichtig durchdacht ist … fast religiös gelebt wurde. Vor dieser

3 Hoimar von Ditfurth: Giordano Bruno, in: *Die Großen der Weltgeschichte*, hrg. von Kurt Fassmann. Band V. Kindler Verlag Zürich 1974, S. 363.

All-Einheit nimmt sich sogar die Besonderung des Menschen zurück: das Ganze ist göttlich, nicht ein einzelner Repräsentant – sei damit der Mensch oder sogar Gott selbst gemeint. Das All wird in seiner Divinität gesehen und mit offenkundiger Leidenschaft erfahren. Bruno, in seiner Intensität bewegender Zeuge einer ungeheuren Naturfrömmigkeit, fügt der Renaissancephilosophie eine außergewöhnliche Denkanstrengung hinzu ...»[4]

Stationen seines Lebens

Wer sich ein Bild von seinem kurzen Leben machen will, der ist, abgesehen von den in seinen Schriften hie und da enthaltenen Angaben, auf die relativ wenigen Daten angewiesen, die er in dem gegen ihn angestrengten Inquisitionsprozess vor seinen Anklägern mitzuteilen hatte. Zu einem Ausweichen vor seinem Schicksal sah der furchtlose Mann keinen Anlass.

Giordano Bruno wurde im Jahre 1548 als Sohn eines Soldaten in Nola bei Neapel, nur etwa 10 Kilometer vom Vesuv entfernt, geboren. Ihm angesichts seines ungebärdigen Temperaments als Denker und als Verteidiger seiner Überzeugungen eine vulkanische Wesensart zuzusprechen, steht vielleicht mit dieser Tatsache im Zusammenhang. Seine Eltern Giovanni Bruno und Fraulissa Savolina

4 Hanna-Barbara Gerl: *Einführung in die Philosophie der Renaissance.* Wissenschaftliche Buchgesellschaft Darmstadt 1989, S. 192.

lebten in dürftigen Verhältnissen. Ihren Sohn ließen sie auf den Namen Filippo taufen. Seinem Geburtsort gemäß nannte er sich selbst «der Nolaner», latinisiert «Jordanus Brunus Nolanus», was dafür spricht, dass er sich mit seinem Heimatort, in dem er etwa 14 Jahre lang lebte, ganz bewusst identifizierte. Bestimmt war ihm ein Leben der Wanderschaft, das ihn binnen weniger Jahre durch mehrere Länder und Städte Europas führte, wobei er stets bestrebt war, die Ergebnisse seiner Wahrheitssuche überaus temperamentvoll auszubreiten und die Gelehrten seiner Zeit zum offenen Disput herauszufordern.

Fünfzehnjährig ging der wissensdurstige Junge zunächst nach Neapel, um Mönch zu werden. Von daher bot sich ihm die Möglichkeit, eine ordentliche Schulausbildung zu bekommen und weitere Studien darauf aufzubauen. Schon als Zehn- oder Elfjähriger hatte er sich in Neapel in die Anfangsgründe von Logik und Dialektik einführen lassen. Filippo trat in das Kloster San Domenico in Neapel ein und wurde Dominikaner. Knapp drei Jahrhunderte vor ihm hatte sein weithin gerühmter Ordensbruder, der Scholastiker Thomas von Aquin, hier mit seinen Studien begonnen, ehe er diese in Paris vollendete.

Bei der Profess, mit der sich Filippo Bruno auf die strikte Einhaltung der drei Mönchsgelübde Armut, Ehelosigkeit und Gehorsam verpflichtete, erhielt er den Namen «Giordano». Er behielt ihn auch nach seinem Ausschluss aus dem Orden bei.

Der vielseitig interessierte Novize fiel schon früh durch sein Bestreben auf, sich ein möglichst umfassendes Wissen anzueignen. Was die Bestände der Klosterbibliothek boten, das nahm er in sich auf: Nicht nur Theologisches, sondern vor allem Philosophisches und darunter das bis dahin bekannte Wissensgut über Mensch und Welt (Anthropologie und Kosmologie) bestimmten seine Lektüre. Dazu gehörten auch die Schriften der antiken Meister, insbesondere des Aristoteles, sodann die Texte der griechischen und lateinischen Kirchenväter. Besonderes Interesse schenkte er hierbei den Schriften des Nikolaus von Kues, des großen Cusanus, der ihn als Philosoph und als Theologe nachhaltig beeinflusste.

Im Zusammenhang damit studierte er auch, was Kopernikus über die kosmischen Zusammenhänge gesagt hatte. Zwar wurde dessen berühmtes Werk über die Umläufe der Himmelskörper (De revolutionibus orbium coelestium) erst viel später – 1616 – auf den römischen Index gesetzt. Denn zu Brunos Zeiten erschien das Buch den Zensoren noch als durchaus unverdächtig. Aber offensichtlich tat der deutsch-polnische Astronom bei dem wissensbegierigen Nolaner sehr früh seine Wirkung. Sie setzte sein eigenes Denken in einer Richtung in Bewegung, die eines Tages das Missfallen seiner Oberen hervorrufen sollte. Die Kritikbedürftigkeit der im Kloster beobachteten moralischen Mängel beim Stand der «Geistlichen» und Prälaten dürften Brunos Widerspruchsgeist weiter gesteigert haben. Von daher wird sein späteres Bedürfnis verständlich, sich als satirischer Autor zu betätigen.

Ein anderes Studienobjekt waren die Schriften des katalanischen Mystikermönchs Ramon Llull (Raimundus Lullus), der im 13. Jahrhundert auf Mallorca lebte und ein umfangreiches Oeuvre hinterließ. Eine Spezialität stellte hierbei die Llullische Gedächtniskunst (Mnemotechnik) dar, an deren Aneignung seinerzeit viele interessiert waren. Es handelte sich um den Versuch einer allgemeinen Schematisierung des jeweiligen Wissensgutes in einfachen Begriffen und Sätzen, wodurch der Überblick erleichtert und die Fakten leichter memoriert werden konnten. Mit dieser Memoriertechnik machte sich Pater Giordano eingehend vertraut, so dass er fähig war, daran Interessierte auch in späteren Jahren zu unterweisen. Selbst Papst Pius V. gehörte zu ihnen.

Zunächst hielten sich die Gedankengänge des überdurchschnittlich gebildeten Ordensmannes noch in Bahnen, die dem Durchgang durch die niederen und höheren Weihen auf dem Weg einer geistlichen Karriere nicht entgegenstanden. Doch immerhin hatte die Inquisition schon bemerkt, dass der Dominikanerzögling auf die Pflege des Heiligenkults einschließlich der Marienverehrung wenig Wert legte.

1572 erhielt Bruno die Priesterweihe. Zu diesem Zeitpunkt muss ihn jedoch schon eine Fülle von Fragen und Zweifeln an der Wahrheit und Gültigkeit des kirchlichen Dogmas beunruhigt haben. Dazu gehörte vor allem das Trinitätsdogma, bestehend aus der Lehre von der Einheit der drei göttlichen Personen: Vater, Sohn und Heiliger Geist. Nicht nur die katholische Gegenreformation, sondern auch Protestanten nahmen aber solche «Antitrinitarier» ins Visier und griffen unnachsichtig durch. – Nach erlangter Priesterweihe betrieb Bruno sein Theologiestudium weiter, das ihn noch für etwa zweieinhalb Jahre in Neapel hielt.

Währenddessen verstärkte sich der Ketzereiverdacht gegen ihn. Er floh aus Neapel in Richtung Rom, weil er zunächst die Hoffnung hegte, durch den römischen Prokurator des Ordens eine günstige Beurteilung seines Denkens und Redens zu erfahren. Doch musste er schließlich einsehen, dass das inzwischen aus seinen Äußerungen zusammengetragene Belastungsmaterial durchaus für die Eröffnung eines regulären Ketzerprozesses ausgereicht hätte.

Hatte sich bisher Giordanos Leben in Kloster und Hochschule von Neapel abgespielt, so begann nun die unstete Wanderschaft zunächst durch Italien, dann durch Frankreich, England, Deutschland und Böhmen, bis ihn, von der Intrige eines vermeintlichen Freundes verursacht, die «heilige Inquisition» einholte: «Ein edles Wild, wird er, der unermüdliche Vorkämpfer einer neuen Weltanschauung, von Ort zu Ort verfolgt von der Danteschen Wölfin, für die er selbst die klassische Bezeichnung ‹triumphierende Bestie› erfunden hat, und welche nichts anderes ist als das von Goethe so bezeichnete ‹allgemein menschliche Niederträchtige›.»[5]

Mit dem Austritt aus dem Kloster und der Ablegung des mönchischen Habits vollzog Bruno einen unwiderruflichen Bruch. Er wählte fortan die Sprache der Satire, um Mönchtum, Papsttum und Kirche mit derbem Spott zu übergießen. Bisweilen äußerte er sich über den Stifter des Christentums auf die gleiche Weise. Das sorgte für Ablehnung und Empörung bei seinen Zeitgenossen. Bei der Verhöhnung des Christentums kannte er in der Tat weder Maß noch Grenze! Dadurch machte er sich selbst bei

5 Ludwig Kuhlenbeck: Giordano Bruno, sein Leben und seine Weltanschauung, in: *Sphinx*, III. Jahrgang, Juni 1888, S. 356.

Wohlmeinenden Feinde. Der Kirchenhistoriker Walter Nigg bringt ihm und seinem Verlangen nach freier Meinungsäußerung dennoch Verständnis entgegen. Er schlägt als Bezeichnung für den entlaufenen Mönch einen entsprechenden Terminus vor:

«Seine frivole Spötterei ist aus dem Geist der Renaissance zu verstehen, wo sogar Päpste sich in geschmacklosen Blasphemien gefielen. Gleichwohl kann Bruno nicht kurzerhand als antichristliche Gestalt bewertet werden. Eher trifft auf ihn die paradoxe Bezeichnung: heidnischer Christ oder christlicher Heide zu. Sie weist auf den Bruch mit dem kirchlichen Christentum hin, der bei Bruno stattgefunden hat und der bei ihm deutlich wahrnehmbar ist. Er ist aus dem kirchlichen Gehäuse ausgebrochen und zum Häretiker geworden.»[6]

So ist es die Existenz eines von da an zu lebenslanger Flucht verdammten Häretikers, die Giordano Bruno für die nächsten sechzehn Jahre bis zur endgültigen Einkerkerung und Hinrichtung zu führen hatte. Während dieser relativ kurzen Zeit entstand sein schriftstellerisches Werk, das er teils in lateinischer, teils in italienischer Sprache niedergelegt hat, bestehend aus der Darstellung seiner kosmologischen Anschauungen, seinen dialogisch angelegten philosophischen Texten, sowie aus seinen Streitschriften und Dichtungen. Da alle diese Schriften nicht dem abgeschirmten Studierzimmer eines beamteten und somit wirtschaftlich abgesicherten «etablierten» Gelehrten entstammten, wird es niemanden verwundern, dass

6 Walter Nigg: Ketzer-Philosophie, in: Ders.: *Das Buch der Ketzer*. Artemis Verlag Zürich 1949, S. 411.

immer wieder das eruptive Element seines Gemüts durchbricht. Auch in dieser Hinsicht verdient der Ruhelose Nachsicht und Verständnis. Andererseits fehlt es in seinen Werken nicht an langatmigen Passagen sowie an häufigen Abschweifungen ins Mythologische, wodurch die Geduld der Leser bisweilen einigermaßen strapaziert wird.

Dennoch vermag er zu faszinieren, insbesondere wenn man sich vor Augen hält, aus welchen Motiven heraus er sich äußert. Seiner eigenen Beteuerung zufolge geht es Giordano Bruno um die kompromisslose Wahrheitssuche. Faustisch gesprochen: Es geht ihm um das, «was die Welt im Innersten zusammenhält». Darüber hinaus wünscht er «aufrichtig ... dass die Frucht meiner Arbeit der Welt nützlich und rühmlich erscheine und sie denen, die des Lichtes beraubt sind, den Geist wecke und das Gefühl aufschließe.» Im übrigen: «Wenn ich rede und schreibe, so streite ich nicht aus Lust am Sieg, denn wo keine Wahrheit ist, scheint mir Ruhm und Sieg gottverhasst, niederträchtig und jeder Ehre bar. Nur aus Liebe zur Wahrheit ... mühe ich mich, plage und quäle ich mich.» Das will bedacht sein, wenn man sieht, wie ätzend bisweilen seine Kritik an Zeitgenossen und an bestehenden Verhältnissen ausfällt. Auf die Goldwaage legt der Satiriker seine Worte nicht.

Es ist die für Bruno charakteristische unsystematische und unakademische Art zu philosophieren. Trockene Gelehrsamkeit ist ihm verpönt. Deshalb nimmt er jene Humanisten seiner Zeit aufs Korn, die den Eindruck erwecken, es genüge, etwa einen philosophischen oder auch religiösen Text lediglich durch die philologische Analyse zu erschließen, ohne sich viel um den zugrundeliegenden spirituellen Gehalt zu kümmern.

Ein geradezu unaufhaltsamer innerer Drang treibt ihn zum Schreiben. Entsprechend leidenschaftlich gebärdet er sich, wenn es darum geht, eine Einsicht zu äußern oder einen von ihm aufgespürten Irrtum anzuprangern. Noble Rücksichtnahme ist von ihm schwerlich zu erwarten. Oft ist seinen Darstellungen beißender Spott beigemengt, wann immer es ihm darum zu tun ist, die geistige oder moralische Unzulänglichkeit seiner Widersacher offen zu legen. Nie ist ihm dies eine beliebige Aufgabe, sondern stets innerste Verpflichtung. Umso selbstbewusster geht er mit Andersdenkenden um, namentlich mit denen, deren Geisteshaltung und Moralität ihm zuwider ist. Ernesto Grassi bemerkt hierzu:

«So ist er von ununterbrochener Notwendigkeit getrieben. Der Glaube an die eigene Aufgabe kann nicht von außen gegeben werden, sondern entspringt dem Bewusstsein der Berufung. Für ihn bürgen höhere Mächte, ‹die Gottheiten, die mich hierher gesandt haben, ich selbst, der ich mich hier befinde, und jene, die Augen haben, mich zu sehen›.»[7]

Aber natürlich haben seiner Überzeugung nach nur die allerwenigsten seiner Zeitgenossen solche Augen eines geschulten Verständnisses. Ohne sich ein Blatt vor den Mund zu nehmen, vergleicht er sie bald mit «umdunkelten Maulwürfen», bald mit «nächtigen Vögeln», während er die ihm Geistesverwandten als «heliotrop», d. h. der Sonne zugewandt, adelt. Das tut er beispielsweise im Di-

7 Ernesto Grassi in seiner Einführung zu Giordano Bruno: *Heroische Leidenschaften und individuelles Leben*. Hamburg 1957 (Rowohlts Klassiker der Literatur und der Wissenschaft, 16), S. 30 f.

alog, der sich mit der Ursache, dem Urprinzip und dem Einen («De la causa, principio e uno») beschäftigt. In diesem Text lässt er u. a. Philotheus, den «Gottliebenden», auftreten, mit dem er sich selbst identifiziert. Ein anderer Gesprächspartner ist Heliotrop, ein solcher «zur Sonne gewendeter» Schüler. Ihm legt er Worte der Bewunderung und Verehrung in den Mund:

«Wie Schuldgefangene, die, nur noch an Finsternis gewöhnt und zum Licht befreit, dem Schlunde des dunklen Turmes entstiegen, so mögen viele, in dürftiger Philosophie geschult, (vor Deinen Lehren) erschrecken, und andere in staunender Verwirrung außerstande sein, die neue Sonne Deiner hellen Gedanken zu ertragen ... Das Wagnis, das Du, Philotheus, auf Dich genommen hast, ist schwer, ungewöhnlich und von besonderer Art. Du willst uns vom dunklen Boden aufscheuchen und zum offenen, ruhig hehren Blick der Sterne emporführen, die wir in so schönem Spiel über den meerblauen Mantel des Himmels ausgesät sehen ... In jedem Menschen kommt deutlicher als in anderen Arten (des Lebendigen) das Ganze zur Darstellung. So werden die einen wie umdunkelte Maulwürfe, kaum dass sie die freie Luft spüren, sich auch schon wieder in die Erde einwühlen und den heimisch dunklen Tiefen zudrängen. Die anderen werden wie nächtige Vögel, kaum dass sie die rötliche Botin der Sonne im leuchtenden Osten aufgehen sehen, sich durch die Schwäche ihrer Augen zu düsteren Schächten gedrängt fühlen.»

Unschwer lässt sich erraten, wie es einem Menschen ergehen mag, der sich auf den Weg macht, um die «neue Sonne seiner hellen Gedanken» zum Leuchten zu bringen. In «De umbris idearum», die zu Brunos klarsten seiner lateinisch abgefassten Schriften gehört, weist sich der Verfasser bereits zu diesem Zeitpunkt (1582) als ein mit den magischen Wissenschaften vertrauter Philosoph aus. Magie wird hier, wie zum Beispiel auch die «Occulta philosophia» des Agrippa von Nettesheim zeigt, als «magia naturalis» verstanden, als eine an Hermes Trismegistos, dem «dreimalgroßen Hermes», orientierte Naturphilosophie, wie sie dem Zeitgeist der florentinischen Renaissance entspricht[8]. Gleichzeitig greift Bruno in seinen dialogisch angelegten Darstellungen auf spätmittelalterliche Überlieferungen zurück.

Jene «Occulta philosophia» des Nettesheimers kann geradezu als Brunos Lehrbuch angesehen werden. Darin sind beispielsweise auch beschwörende Anrufungen (incantationes) der Gestirne, etwa der Planeten Venus, Jupiter, Saturn usw. enthalten, durch die sich der Magier der Gunst und Kraft der Gestirne versichern möchte. Erhoben wird jedoch der Anspruch, eine Gutes bewirkende «weiße Magie» zu praktizieren, und zwar unter Verwendung kabbalistischer Vorstellungen mit einem betont christlichen Anstrich. Im Zusammenhang mit der Verwendung von Gottes-, Engels- und Gestirnsnamen wird dem Namen «Jesus» höchste Wirksamkeit zugesprochen.

Wie Textvergleiche zeigen, stützt sich Bruno auf Agrippas Texte, jedoch ohne sie nur zu kopieren. Faustisch agierende, in ihrer Lebensart unruhige Männer sind sie

8 Im Zusammenhang ausführlicher bei Gerhard Wehr: *Esoterisches Christentum. Von der Antike bis zur Gegenwart.* (1995). Jetzt: *Gnosis, Gral und Rosenkreuz.* Anaconda Verlag Köln 2007.

beide. Daraus ergibt sich eine nur aus dem Geist der Zeit verständliche Gemengelage. Denn einerseits ist es dem Nolaner darum zu tun, unter Berufung auf Kopernikus die Grenzen der bisherigen Naturanschauungen zu überschreiten und den Kosmos zum Unendlichen hin auszuweiten, andererseits macht er bei den Astrologie, Alchymie und Magie treibenden Okkultisten Anleihe. Er ist, wie manche seiner Gewährsleute, eine schillernde Figur. Die Entfernung von der christlichen Überlieferung kirchlicher Prägung, der er entstammt, ist unverkennbar, ohne dass er einen totalen Bruch mit dem Christentum als solchem vollzogen hätte. Und auch darin steht er nicht vereinzelt da.

Was Brunos Einschätzung des Kopernikus anlangt, so lässt er auffallenderweise die mathematische Beweisführung des Astronomen weitgehend außer acht. Messen und Rechnen ist seine Sache nicht. Vielmehr huldigt er einem «Kopernikanismus», der wie eine Wiederkehr der vermeintlich ägyptischen Philosophie und Religion des mythischen Hermes Trismegistos anmutet.

Die französische Periode Brunos dauert kaum länger als drei Jahre. Dass ein katholisch geführtes Land wie Frankreich dem entlaufenen Mönch keinen lebenslangen Aufenthalt bieten kann, liegt auf der Hand, so günstig sich die Einschätzung durch König Heinrich III. auch gestaltet haben mag. Ihm hatte es Bruno zu verdanken, dass er das Festland nicht von neuem als Flüchtling verlassen musste, um nach England überzusetzen.

Als er die grüne Insel betritt, herrscht dort Königin Elisabeth I. (1533 – 1603), Tochter des berühmt-berüchtigten Heinrich VIII. Man spricht vom «Elisabethanischen

Zeitalter», wenn man diese von Glaubenskämpfen zwischen Protestanten und Katholiken, sowie von allerlei diplomatischen wie kriegerischen Verwicklungen erfüllte Zeit der englischen Geschichte charakterisieren will. Für Bruno ist Elisabeth eine «einzigartige und einmalige Frau, die an Namen und Würde keinem König nachsteht und die es mit jedem, der auf Erden ein Zepter trägt, an Verstand, Weisheit, Rat und Regierung aufnehmen kann.» So nachzulesen in der ebenfalls auf Italienisch abgefassten Dialogfolge «Aschermittwochsmahl» (Cena de le ceneri), die er 1584 in England veröffentlicht. Während er am Hofe Zustimmung und Anerkennung erfährt, stößt er als Befürworter des Kopernikanismus an der Universität in Oxford auf den Widerstand der Professoren, die er dann mit seinen bissigen Charakteristiken nicht verschont hat.

In kurzen Abständen erfolgen durch ähnliche Vorgänge bedingte Ortswechsel. Nach einem Zwischenaufenthalt bekommt Bruno in Marburg zwar Lehrerlaubnis, es gibt aber auch hier Gründe, wieder abzureisen. An der Universität Wittenberg, dem Ort, an dem Luther gewirkt hat, erhält der ehemalige Dominikaner Gelegenheit, über die Logik des Aristoteles Vorlesung zu halten. Aus Brunos Wittenberger Tagen ist noch ein von seiner Hand beschriebenes Blatt erhalten, auf dem er einen Spruch aus dem Buch des «Predigers Salomonis» (Kohelet) Kapitel 1,9 zitiert:

> Quid est quod est ? Ipsum quod fuit.
> Quid est quod fuit ? Ipsum quod est.
> Nihil sub sole novum.

(In Luthers Bibelverdeutschung: Was ists, was geschehen ist? Eben das hernach geschehen wird. Was ists, was man getan hat? Eben das man hernach wieder tun wird. Und es geschieht nichts Neues unter der Sonne.)

Es scheint so, als hätte Bruno dieses Wort aus dem Alten Testament nur beiläufig hingeworfen. Doch steht es in seinem Werk an bedeutsamer Stelle, nämlich dort, wo er das Geheimnis der Wiederverkörperung (Reinkarnation) berührt. Von ihr und von seiner Überzeugung, schon einmal da gewesen zu sein und immer wiederzukehren, spricht er in Anknüpfung an antike Reinkarnationsvorstellungen mit erstaunlicher Selbstverständlichkeit Das geschieht im zweiten Dialog seiner grundlegenden, bereits in England (1584) abgefassten Schrift «Über die Ursache, das Prinzip und das Eine». Darin lässt er ein Wort aus Ovids «Metamorphosen» (XV, 153 ff) anklingen, das der römische Dichter von eben dem Pythagoras ableitet, an den Bruno in seiner Wittenberger Preisrede appelliert hat. Dieses Wort lautet:

> Aber die Seele stirbt nicht, und stets ihren früheren Wohnsitz
> lassend, lebt sie und wohnt, empfangen von anderem Hause.
> ...
> Alles wandelt sich, nichts vergeht. Es schweift unser Geist, kommt
> hierher von dort, von hier dorthin, und dieser und jener
> Glieder bemächtigt er sich ...

Nimmt man noch hinzu, was Bruno in Schriften seiner

Wittenberger Jahre zur gleichen Reinkarnations-Thematik niedergelegt hat, dann bekommt man einen Einblick in einen bedeutsamen Aspekt seines Denkens, nämlich in den, der mit dem Wesen der menschlichen Individualität in ihrer Wandlungs- und Reifungstendenz zu tun hat. In der Wittenberger Schrift über die «Kabbala des Pegasus» (Cabala del cavallo Pegaseo), Dialog 2, heißt es beispielsweise:

«Wie schon gesagt, während ich so in der himmlischen Region unter dem Titel des Pegasus verweilte, geschah es wiederholt, dass ich wiederum große Hinneigung zur niederen Sphäre empfand ... und als ein vom Nektar Berauschter durch einen Schicksalsspruch zur Erde verwiesen wurde, um hier bald als Philosoph, bald als Dichter oder gar als Schulmeister mich abzuplagen. Kehrte ich dann wieder zu meinem himmlischen Sitz zurück, so trug ich alle meine Erlebnisse dort in ein Buch ein, so dass ich dort eine ganze Bibliothek zustande gebracht habe, die ich dort beließ, so oft ich wieder zeitweilig auf der Erde Wohnung machte. Besonders bemerkenswert erscheint mir nun von diesen meinen irdischen Erinnerungen mein Leben zur Zeit des Königs Philipp von Mazedonien, unter dessen Regierung ich, wie man meint, durch den Samen eines gewissen Nikomachus wiederverkörpert wurde ...»

Bruno weiß demnach sogar anzugeben, auf welche Weise er schon weit früher den Plan der Geschichte betreten hat. Damit spricht er von einer Seelenwanderschaft jedes Menschen, die quer durch die Kulturen verläuft und von der der Betreffende jeweils einen Schatz an Erinnerungen mitbringt, die ihm so oder so in der neuen irdischen Existenz von Nutzen sein können.

Trotz der beiden ertragreichen Jahre in Wittenberg greift Bruno von neuem zum Wanderstab. Diesmal geht es in östliche Richtung. Die angestrebte Anstellung in Prag bei dem Esoteriker-Kaiser Rudolf II. bleibt ihm versagt. Dafür nimmt er an der Universität Helmstedt eine Lehrtätigkeit auf und lässt anschließend in Frankfurt am Main einige seiner inzwischen entstandenen Bücher im Druck erscheinen. Verfolgt man die Lebensspur des Nolaners, von Italien über die Schweiz nach Frankreich, von dort nach England, nach Deutschland und nun nach Böhmen, dann mutet seine Biographie wie die Erschließung immer neuer europäischer Kulturlandschaften an. Und wie eilig er von Ort zu Ort zieht! Als habe er geahnt, wie wenig Zeit ihm zum geistigen Schaffen insgesamt gegönnt ist – von den knapp 52 Lebensjahren sind nahezu acht Jahre der alsbald bevorstehenden Inhaftierung abzuziehen.

Auf dem Weg zum Scheiterhaufen

Die stetige Wanderschaft brachte es mit sich, dass Bruno nicht alle seine Bücher an dem Ort veröffentlichen konnte, an dem sie entstanden waren. Für die Veröffentlichung vorbereitete oder abgeschlossene Manuskripte führte er bisweilen mit sich, um sie bei sich bietender Gelegenheit einem Drucker anzuvertrauen. Das trifft auch für einige Texte aus den beiden Helmstedter Jahren zu. Darunter befindet sich das Poem «De monade, numero et figura» (Von der Monas, der Zahl und der Figur), eine Studie über die Zahlen und deren Bedeutung, angefangen bei der Eins

(Monas), dann fortgeführt zur Zwei, zur Drei und zur weiteren Zahlenfolge, wobei der Zehnheit besondere Aufmerksamkeit geschenkt wird. Dies entspricht seit den Tagen des Pythagoras der abendländischen Tradition. Wieder ist der Einfluss des Nettesheimers und dessen «De occulta philosophia» zu verspüren.

Erwähnenswert ist noch ein kurzer Abstecher in die Nähe von Zürich, wo er einen geistesverwandten Kenner der Alchymie sowie der übrigen okkulten Disziplinen besucht hat: Johannes Heinrich Hainzell (Haincelius). Das deutet darauf hin, dass es dem Vielgereisten gelungen ist, immer wieder neue Kontakte zu schließen, eventuell auch durch Briefwechsel Menschen wie Haincelius näher kennen zu lernen und einen losen Schülerkreis um sich zu versammeln. Während des kurzen Zürcher Aufenthalts entsteht die letzte seiner lateinisch abgefassten Schriften, die 1591 die Druckerpresse verlässt. Das Buch trägt den Titel: «Über die Zusammenstellung der Bilder und Zeichen» (De imaginum, signorum et idearum compositione).

Unter einem negativen Stern steht der Aufenthalt in Frankfurt insofern, als es hier, im Sommer 1591, zum Kontakt mit einem italienischen Landsmann kommt, der Bruno einlädt, nach Venedig zu kommen. Es ist der junge venezianische Adlige Giovanni (Zuan) Mocenigo, Angehöriger einer der angesehensten Familien der Stadt. Erstaunlicherweise nimmt Bruno die verlockende, um nicht zu sagen, verführerische Einladung des ihm bis dahin Unbekannten, seines «letzten Schülers», an. Man muss sich fragen, was ihn veranlasst haben mag, sich in den gefährlichen Einflussbereich der Inquisition zu begeben.

Jedenfalls übersiedelt Bruno im März 1592 nach Venedig und nimmt gemäß Absprache bei Mocenigo Logis – eine Erinnerung an die Londoner Jahre kommt auf. Doch diesmal ist die Lage für Bruno eine ganz andere, wenngleich er sich einigermaßen sicher zu fühlen scheint. Das zeigt der unbekümmerte Umgang mit allerlei Gelehrten. Er mochte sich auf diese Möglichkeit seit langem gefreut haben. Aber was den prominenten Gastgeber anlangt, so entwickelt sich folgendes:

Mocenigo hat zwar Interesse an der Philosophie Brunos und an der Memorierkunst des Raimundus Lullus. Doch fühlt er sich auch gedrängt, seinem Beichtvater über seinen kürzlich eingetroffenen Gast genauen Bericht zu geben und Bruno damit «dem heiligen Amt» zu denunzieren. Man bringt den Gast ins Gefängnis unter den legendären bleiernen Dächern. Nach einer Woche setzen die ersten Verhöre ein. Seine Ankläger informieren sich gründlich über ihn und die Entwicklung seiner Lehren. Sie kennen zu diesem Zeitpunkt zumindest schon einen Teil seiner Gedankenwelt, wie sie in seinen Schriften niedergelegt ist. Aus ihrer Sicht handelt es sich um die Ideen eines hochgradigen religiösen Abweichlers, der die Grundlehren der Kirche in Zweifel zieht, insbesondere die Sakramentenlehre vom Geheimnis der Wandlung von Brot und Wein bei der Heiligen Messe (Transsubstantiation). Als zumindest anrüchig empfindet man seine kosmologischen Überzeugungen, und zwar nicht in erster Linie wegen seiner modifizierten Parteinahme für Kopernikus. Der spielt in den bevorstehenden Anklagen keine nennenswerte Rolle.

Viel gravierender erscheint den Hütern der kirchlichen Ordnung, dass Bruno ihrer Meinung nach die materielle

Basis der Schöpfung Gottes viel höher einschätze, als ihr laut Dogma gemäß ist, so dass man sich frage, ob es noch der Gott der biblischen Überlieferung ist, von dem der Jordanus Brunus spricht und schreibt. Als anstößig wird sodann Brunos Anschauung empfunden, dass diese Welt angeblich gar nicht die einzige sei: Es gebe viele und vielgestaltige Welten. Außerdem erkläre er, diese Welt sei ewig und unvergänglich. Das aber steht im strikten Gegensatz zu der biblisch fundierten Kirchenlehre vom Ende der Welt und vom Jüngsten Gericht, das allem ein Ziel setzt. Und kaum weniger ketzerisch empfinden die Inquisitoren Brunos Kirchenkritik.

Um sich vorweg, d. h. vor Aufnahme des eigentlichen Ketzerprozesses zu entlasten, ist Bruno bereit, offensichtliche Verfehlungen, Irrtümer oder menschlich-allzumenschliche Missgriffe einzugestehen. Diese Korrektur ist jedoch nur als partiell anzusehen und lässt sich keinesfalls auf sein gesamtes Werk übertragen. Denn bedenkt man, mit welcher Heftigkeit Bruno bisher Kritik oder Anschuldigungen zu beantworten pflegte, sei es in Oxford oder an deutschen Hochschulen, so hat sich bei ihm sicher kein radikaler Sinneswandel vollzogen. Er ist nicht etwa milde geworden. Gewachsen ist in ihm nur die Einsicht in den tödlichen Ernst, mit dem ihm seine Untersuchungsrichter entgegentreten.

Denn inzwischen hat eine über sieben Jahre sich erstreckende Haft mit zermürbenden Verhören, in deren Verlauf alle Abschnitte seines Lebens beleuchtet werden, für ihn begonnen, und zwar hinter den Mauern der Engelsburg. Es ist eine Zeit, die für die Nachgeborenen viele Fragen und Rätsel aufwirft und in der Brunos persönliches Ergehen weitgehend in Dunkel gehüllt ist. Und sie ist nur das Vorspiel seines gewaltsamen Endes auf dem Scheiterhaufen.

Es ist merkwürdig: Der Untersuchungshäftling Jordanus Brunus Nolanus gibt seinen Peinigern zwar über die letzten beiden Jahrzehnte seines Lebens und Schaffens bisweilen recht detaillierte Auskunft. Doch wie es ihm im Kerker ergeht und welche geringen Fortschritte der Prozess im einzelnen macht, bleibt der Nachwelt so gut wie verborgen. Außerdem hören wir von keinen Kontakten nach außen, durch die ihm eventuell Rat, Aufmunterung oder Unterstützung zu Teil wird. Es handelt sich offenbar um strenge Isolationshaft.

Bei allen Verhören legt Bruno großen Wert darauf, als *Philosoph* zu argumentieren. Seine einstige Existenz als Mann der Kirche ist für ihn ein für allemal Vergangenheit. Im Grunde entspricht dies seiner Behauptung, dass das päpstliche Gericht gar nicht für ihn zuständig sei. Nun lassen sich aber Ketzerrichter schwerlich auf Argumentationsweisen verpflichten, wie sie etwa im akademischen Rahmen üblich sind.

Jedenfalls bleibt Bruno bei seinem unmissverständlichen und rückhaltlosen Nein zu allen Anklagepunkten. Diese Entschiedenheit behält er auch bei, als das kirchliche Tribunal zwei Prälaten schickt, die ein letztes Mal versuchen sollen, den Hartnäckigen umzustimmen. Es ist die Stunde seines höchsten irdischen Richters: Papst Clemens VIII. gibt das Signal zum Urteilsspruch, der, da Ketzerei vorliegt, nur auf den Tod durchs Feuer lauten kann.

Die Verlesung erfolgt am 8. Februar 1600, einem sogenannten Jubeljahr. Die Straßen und Plätze, die Kirchen und Kathedralen Roms sind angefüllt mit Pilgern aus aller Herren Länder, nicht nur aus Italien. Denn am vorausgegangenen Silvester 1599 hat Clemens VIII. die «Heilige Pforte» geöffnet. Man hört von 80.000 Menschen, die allein aus diesem Anlass die heilige Stadt aufgesucht hätten. Allerlei außerordentliche Gnadenerweise und differenzierte Ablässe winken den Romreisenden jener Tage – ein Ketzer ist in jedem Fall ausgeschlossen.

Bruno muss ein letztes Mal in der Dominikanerkutte vor seinen Richtern niederknien, um den Urteilsspruch zu hören. Er wird in mehrfacher Weise der Ketzerei für schuldig befunden. Als zusätzliches Hauptbelastungsmaterial hatte man sein Buch «Die Vertreibung der triumphierenden Bestie» (Lo spaccio della bestia triomfante) herangezogen, eine in London auf italienisch abgefasste Schrift aus dem Jahr 1584. Angereichert ist die Anklageschrift durch allerlei Stellen aus anderen Schriften sowie durch Zeugenaussagen. Noch belastender als die Schrift «Lo spaccio ...», die sich in erster Linie als ein Beitrag zu Brunos Moralphilosophie begreifen lässt, dürfte «Die Kabbala des Pegasus» mit der Zugabe des «Kyllenischen Esels» (Cabala de cavallo pegaseo / L'asino cillenico) von 1584 gewesen sein, weil hier Priester und Gelehrte, sowie die christliche Prädestinations- und Gnadenlehre beißendstem Spott preisgegeben sind. Da ist von «eselhafter Gottergebenheit» ebenso die Rede wie von einer «gelehrten Schafsköpfigkeit». Und die Zielgruppe, die Bruno hier ins Visier nimmt, ist klar:

«Toren in der Welt sind jene gewesen, die die Religion, die Zeremonien, das Gesetz, den Glauben, die Lebensordnung begründet haben; die größten Esel der Welt, die jedes anderen Sinnes und Wissens bar und alles geselligen Lebens und geselliger Gesittung entbehrend in beständiger Pedanterie wandeln … Seht zu, ob die ersteren sich um die geheimen Ursachen der Dinge jemals bekümmert haben, ob sie Verzeihung üben, sollten auch Reiche zerstört, Völker zerstreut, sollte auch alles mit Brand, Blut, Ruin und Verwüstung erfüllt werden; ob es ihnen zu Herzen geht, dass die ganze Welt durch sie dem Untergang geweiht wird!»

Damit hat einer das ungeheuerliche Schuldenbuch der Kirche aufgeschlagen – für Bruno, der in die Fänge der Inquisitoren geraten ist, eine höchst diskriminierende Angelegenheit. Wer sich in dem geschichtlichen Augenblick von Gegenreformation und Ketzerverfolgung, die an allen Fronten wütet, in dieser Weise äußert, ohne ein Blatt vor den Mund zu nehmen, der hätte dies wenigstens aus einer einigermaßen gesicherten Position heraus unternehmen und nicht die Brunosche Vogel-Freiheit genießen sollen …

Am 8. Februar 1600 führt man den häretischen Ex-Dominikaner von seinem Kerker in der Engelsburg durch die belebten Gassen und Straßen Roms zum Palast des Kardinals Madruzzi, des Vorsitzenden der Heiligen Inquisition. Bruno soll dort mit dem Schuldspruch die rituelle Degradierung und Ausstoßung aus Kirche und Orden (Exkommunikation) über sich ergehen lassen. Wie üblich hat man einen Ketzer seiner Couleur ein letztes Mal mit dem Habit seines bisherigen geistlichen Status bekleidet, um ihn dann mit der Verdammung endgültig und demonstrativ auch seiner geistlichen Würde Zug um Zug zu entkleiden.

Ehe Bruno definitiv zum Schweigen verurteilt ist, ergreift er nach Verlesung des Schuldspruchs ein letztes Mal das Wort und ruft den anwesenden Kardinälen entgegen:

«Mit größerer Furcht verkündigt ihr vielleicht das Urteil gegen mich, als ich es entgegennehme!»

In dieser Gesinnung besteigt der knapp zweiundfünfzigjährige Filippo – genannt Giordano – Bruno am frühen Morgen des 17. Februar 1600 den Scheiterhaufen. Als Stätte der Hinrichtung ist der Campo de' Fiori, der «Blumenplatz», vor dem Theater des Pompejus ausersehen. Damit ist in jedem Fall für die erwünschte, Abschreckung bewirkende Publizität in jenen Tagen des Heiligen Jahres gesorgt. Ganz Rom ist auf den Beinen. Und wer gerade verhindert gewesen sein sollte, um Augenzeuge des Spektakels zu sein, oder wer sich über die Tragweite des Geschehens noch nicht im Klaren ist, dem verkündet die römische Zeitung «Avvisi di Roma» ein paar Tage später mit großen Lettern, was sich begeben hat: «Der abscheuliche Dominikanerbruder von Nola, über den wir schon früher berichtet haben, wurde am Donnerstag Morgen auf dem Campo de' Fiori bei lebendigem Leibe verbrannt.» Seine Ketzerei sei von besonderer Beschaffenheit gewesen. Eigene Eingebungen und Phantasien habe er für wichtiger gehalten als die Dogmen der heiligen Kirche. Deren Heilige habe er missachtet, sogar der allerheiligsten Jungfrau und Gottesmutter sei er schon seit früher Jugend frevlerisch zu nahe getreten. Ja, er habe behauptet, er werde gerne als ein Märtyrer sterben und seine Seele werde in den Flammen zum Paradies aufsteigen. Der Zeitungsschreiber schließt höhnisch: «Jetzt wird er wohl wissen, ob er die Wahrheit gesagt hat.»

In dem Bestreben, seinerseits ein wahrheitsbewusster Zeitzeuge zu sein, schreibt am Tag der Hinrichtung ein gewisser Kaspar Schoppe an seinen Bekannten Conrad Rittershausen und berichtet vom Ort des Geschehens aus über den römischen Ketzerprozess. Für ihn war Bruno ein «Ungeheuer», in gewisser Hinsicht von ähnlicher Qualität wie Martin Luther, und Schoppe wünscht sich, dass Gott den Ketzer zu «ewiger Verdammnis mit höllischen Scheitern verbrennt». Von diesem Augenzeugen erfahren wir noch eine bemerkenswerte Einzelheit. Er berichtet u. a.: «Als dem schon Sterbenden das heilige Kruzifix vorgehalten wurde, wandte er mit verachtender Miene sein Haupt und ist so geröstet elendiglich eingegangen – ich glaube, um in jenen anderen, von ihm erdichteten Welten zu berichten, wie mit lästerlichen und unfrommen Menschen von uns Römern verfahren zu werden pflegt. Dies also, mein Rittershausen, ist die Art und Weise, wie man bei uns gegen Menschen oder vielmehr Ungeheuer dieser Art zu verfahren pflegt.»

Aber was ist von dieser gern zitierten Stelle zu halten, wonach der Todgeweihte sich von dem vorgehaltenen Kruzifix abgewandt habe? Soll damit etwa im Verein mit anderen kirchen- und auch bibelkritischen Äußerungen die Behauptung gestützt werden, Bruno sei eben ein Atheist oder ein Verneiner des Christentums gewesen, zumindest als solcher gestorben? – Gerade bei solchen Gesten aber ist es geraten, recht behutsam zu interpretieren. Mitzubedenken ist zumindest zweierlei: Zum einen war ihm in diesem Augenblick unmittelbarer Todesnähe die Möglichkeit genommen, ein so oder so gezeigtes Verhalten mit der gewünschten Deutlichkeit zu erklären –

falls das sensationslüsterne Publikum überhaupt daran interessiert gewesen wäre. Zum anderen hielten ihm, dem an den Brandpfahl Gebundenen, die Vertreter jenes Christentums und jener Kirche das Kruzifix vors Gesicht, deren Henker vieltausendfach das Bild des Erlösers dazu missbrauchten, um Unschuldigen und Ohnmächtigen auf jede nur erdenkliche Weise Gewalt anzutun, eben auch in Gestalt des Ketzertodes. Er, der Nolaner, war nur einer von ihnen …

Seinen Henkern gab Bruno jedenfalls keinen Anlass, ihn als einen schmerzempfindlichen, verängstigten, kleinmütig um Nachsicht und Gnade bettelnden Menschen hinzustellen. Sonst hätten sie ihn auf Jahrhunderte hinaus als einen solchen denunziert. Dagegen wissen wir, dass er in seinen Dialogen immer wieder nicht nur das große Thema des Lichts als Metapher für Wahrheit und Erkenntnis umkreiste, sondern dass er auch konkret vom Feuer, ja vom Feuertod als einem Bild für das Verbrennen des alten Wesens in der göttlichen Liebe gesprochen hat. Vielleicht fasste er sogar noch sein konkretes Brennen auf dem Scheiterhaufen als ein solches Bild auf. Im ersten Teil seiner «Heroischen Leidenschaften» heißt es:

«In einem so schönen Feuer, in einer so edlen Schlinge macht mich Schönheit brennen und verstrickt mich Anmut, dass ich Flamme und Knechtschaft genießen kann, die Freiheit fliehen und das Eis fürchten … Es ist ein Brand von solcher Art, dass ich brenne, aber nicht verbrenne. – Es ist ein Knoten solcher Art, dass die Welt ihn mit mir lobt; weder vereist mich die Furcht, noch entfesselt mich der Schmerz, sondern ruhig ist das Brennen, süß die Verstrickung. So hoch oben nehme ich das Licht wahr, das mich entflammt, und aus so reichem Garn ist meine Schlinge geknüpft, dass die Sehnsucht stirbt, sobald ich anfange zu denken. Weil meinem Herzen eine so schöne Flamme leuchtet und ein so schönes Band mein Wollen fesselt, sei denn ein Sklave mein Schatten und brenne meine Asche ... Jede Liebe ... strebt zur göttlichen Schönheit.»

Schon in der vorausgegangenen Schrift «Sigillum sigillorum» findet sich ein Wort, das der letzten Probe seines Lebens in einer Weise standgehalten hat, wie man sie aus den Schilderungen vom Leben und Sterben von Märtyrern kennt. Da schreibt Bruno: «Wer noch um seinen Leib fürchtet, dem würde ich nicht leicht glauben, dass er jemals mit Gott eins gewesen ist. Der wahrhaft Weise und Tugendhafte ist so vollkommen glücklich, dass er den Schmerz nicht mehr spürt.»

Dem Irdischen enthoben – so heißt es in einem seiner Gedichte am Eingang zur Unendlichkeitsschrift – hat er längst seinen geistigen Höhenflug begonnen; denn in diesen Versen nimmt er prophetisch vorweg, was er in den Gefängnissen Venedigs und Roms durchzustehen hatte und was ihn schon damals das Lied eines Befreiten anstimmen ließ:

«Aus engem und finsterem Kerker entronnen,
Wo so viele Jahre der Irrtum mich festhielt,
Lasse ich hier die Kette zurück, mit welcher
Die Hand meiner neidischen und grausamen
Feindin mich umwand.
Der düstere Abend kann mich nicht mehr der Nacht
Überantworten, denn der, welchen den großen Python
Überwand und mit seinem Blut
Das Meer rötete, hat meine Megäre ausgelöscht.

Zu dir wende ich mich, zu dir steige ich empor,
sanfte Stimme:
Dir danke ich, göttliches Licht;
Dir weihe ich mein Herz, hohe Hand,
Die du mich aus jener furchtbaren
Umklammerung fortriefst,
Mir Führerin zu besserem Aufenthalt warst
Und mein verwundetes Herz gesunden machtest.»

Heil geworden und genesen, so ist der ruhelose Wanderer, der nach dem göttlichen Licht Suchende endlich heimgekommen.

Im Jahre 1889 errichtete man das von Ettore Ferrari (1845 – 1929) geschaffene Giordano-Bruno-Denkmal auf der Piazza di Campo de' Fiori in Rom.[9]

9 Von Gerhard Wehr liegt eine 1999 im Deutschen Taschenbuch Verlag München erschienene Bildmonographie über *«Giordano Bruno»* (dtv 31025) vor, die entsprechende Quellenhinweise enthält. Jetzt: Onomato Verlag Düsseldorf 2011.

Novalis als christlicher Esoteriker

(Zu seinem 200. Todestag am 25. März 2001)

Die Tiefen unseres Geistes kennen wir nicht. Nach innen geht der geheimnisvolle Weg.» – Sätze wie diese aus den philosophischen Fragmenten von Friedrich von Hardenberg-Novalis werden nicht zufällig niedergeschrieben. Sie werden nicht beliebig, nicht beiläufig konstruiert. Sie haben Signalwirkung. Ihnen liegt eine bestimmte geistig-seelische Erfahrung zugrunde, die bei Novalis deutliche Konturen erhalten hat. Sein «magischer Idealismus» ist im Ansatz und im Blick auf seine Zielrichtung am Christentum orientiert. Das wird dem Leser seiner Gedanken wie seiner Dichtungen, seiner geistlichen Lieder und Hymnen, insbesondere seiner «Hymnen an die Nacht» bald einleuchten. Es ist allerdings die Frage, ob es ihm auch gelingt, das im pietistisch-romantischen Gefühlston Vorgetragene seiner spirituellen Essenz und Wirkkraft nach wahrzunehmen. Mit Recht hat daher Friedrich Hiebel in der Vorrede zu seiner Novalis-Monographie schon vor Jahren auf das Grundproblem der Novalis-Forschung hingewiesen:

«Gibt es eine übersinnliche Welt, mit der die Seele in

eine bewusst sich schulende Verbindung tritt? Führt der magische Idealismus zu Erfahrungen einer objektiven Geistwelt? Bricht sich durch Novalis eine Revolutionierung des Kulturbewusstseins mit dem Ziel einer enzyklopädischen Synthese von Wissenschaft, Kunst und Religion Bahn, oder bleibt sein ‹poetisches Christentum› unverbindlicher Dichtertraum?»[1]

Damit ist zugleich die Aufgabe bezeichnet, vor die uns der Dichter der «Blauen Blume» stellt: Es gilt diejenige Dimension der Wirklichkeit aufzusuchen, die – mit Rilke zu sprechen – den «Weltinnenraum» ausmacht. Es ist jene Einstellung des Bewusstseins anzustreben, die es gestattet, den «geheimnisvollen Weg nach innen» anzutreten, jedoch ohne darüber die äußere Weltwirklichkeit zu vernachlässigen. Philologische, ästhetische oder schulmäßig-theologische Kategorien reichen jedenfalls ebenso wenig aus, um Fortschritte auf diesem Weg zu machen, wie die von den jeweiligen wissenschaftlichen Disziplinen angebotenen Methoden, deren Eigenwert im Rahmen ihrer Zuständigkeit selbstverständlich außer Frage stehen soll.

Jemanden auf den rechten Weg zu bringen, das vermag freilich nur einer, der selbst dank einer besonderen Schicksalsführung und durch entsprechendes Erleben dazu legitimiert ist, anderen Führung und Geleit angedeihen zu lassen. Die Geschichte des esoterischen, d. h. aus den Tiefen religiöser Erfahrung schöpfenden Christentums ist gerade dadurch gekennzeichnet, dass seine Repräsentanten, im Gegensatz zu den mehr nach außen tä-

1 Friedrich Hiebel: *Novalis*. Bern-München, 2. erw. Aufl. 1972, S. 7.

tigen Führergestalten, Predigern und theologischen Lehrern, auf intensive Seelsorge und Menschenführung, auf eine geistig-geistliche Einweihung hinarbeiten und in umfassender Weise impulsierend tätig werden.

Während die Spiritualität des Ostens mit großer Selbstverständlichkeit vom Guru oder vom Zen-Meister, der Chassidismus vom geistesmächtig-wunderwirkenden Zaddik spricht, ist die Bedeutung des spirituellen Meisters oder Geisteslehrers in der heutigen Christenheit viel weniger bekannt. Unterscheidung tut not.[2] Und nicht nur dies: Seit langem wird der Mangel an derlei Persönlichkeiten schmerzlich empfunden, sofern man sich dieses Mangels schon deutlich genug bewusst ist.

Doch dem mangelnden Wissen um die Möglichkeit einer christlich ausgerichteten Initiation, die der heutigen Bewusstseinslage des westlichen Menschen angemessen ist, steht heute ein reales Bedürfnis nach einer solchen, die Tiefen der Persönlichkeit ergreifenden Wandlungsmacht gegenüber. Darin mag einer der Gründe für die ungemein starke Faszinationskraft liegen, die das asiatische Initiationswesen heute vor allem auf die jüngere Generation auszuüben vermag. Irgendwie sollen die im Westen entstandenen religiösen Leerräume ausgefüllt werden. Und oft hat es den Anschein, als wüssten die Vertreter von Theologie und Kirche nicht mehr oder noch nicht, aus welchen Grundkräften heraus christliches Leben heute in neuer Weise möglich ist.

Novalis, der Dichter, der Denker und der christliche Se-

2 Gerhard Wehr: *Spirituelle Meister des Westens. Leben und Lehre*. München 1995 (Diedrichs Gelbe Reihe 116).

her, der nach einem erneuerten Christentum in Gegenwart und Zukunft Ausschau gehalten hat, ist im Grunde selbst ein Meister der hier gemeinten christlichen Einweihung[3]. Als Frühvollendeter konnte diese Jünglingsgestalt aus dem Kreis der spirituell Wirkenden insbesondere Gleichaltrige, etwa Zwanzig- oder Dreißigjährige, ansprechen, und zwar nicht durch Appelle von außen, sondern von der Erlebnisseite her, kraft der Imaginationen und der Inspirationen, deren Empfänger Novalis selbst geworden ist. Sein Werk ist ohnehin nicht rezeptartig anzuwenden. Es bedarf jeweils einer Umwandlung und einer individuellen Aneignung. Dabei ist der sich seines Selbst Bewusste, der an der Ich-Philosophie Fichtes Geschulte weit davon entfernt, seine Schüler an seine eigene Person zu binden. Seine Sendung erblickt Novalis vielmehr darin, «reichlich Samen auszustreuen», befruchtenden «Blütenstaub» bereitzustellen. Den Weg zu gehen, das kann und darf er niemandem abnehmen. Es genügt ihm daher, dem Wahrheitssucher «eine bestimmte Richtung auf die Wahrheit zu geben».

Betrachten wir unter diesem Aspekt des Weges, unter dem Gesichtspunkt eines zu durchlaufenden Initiationsprozesses, Friedrich von Hardenbergs philosophisches und dichterisches Werk, dann begegnen wir diesem wesenhaft esoterischen Prinzip in vielen Abwandlungen auf Schritt und Tritt. In der unvollendeten Prosadichtung «Die Lehrlinge zu Sais», in die das Märchen von Hyacinth und Rosenblüt eingebettet ist, tritt der Mysteriencharakter ebenso deutlich zutage wie in dem Romanfragment

3 FLORIAN RODER: *Novalis. Die Verwandlung des Menschen. Leben und Werk.* Stuttgart: Urachhaus 1992.

«Heinrich von Ofterdingen», das die leitmotivartige Frage samt Antwort enthält: «Wo gehen wir denn hin? – Immer nach Hause». Und Novalis, für den es einen «Messias im Pluralis» gibt, denkt nicht allein an *individuelle* Erkenntnisfortschritte und Stufen der Reifung. In «Die Christenheit oder Europa» werden Stadien auf dem Weg zu einer «neuen dauerhaften Kirche», Stadien auf dem Weg zu «echter Freiheit» des geistig-religiösen Lebens der ganzen Menschheit sichtbar.

Der Erkenntnisfortschritt muss freilich vom Einzelnen vollzogen und individuell verantwortet werden. Sais, die uralte ägyptische Tempelstadt, Metropole der Isis-Verehrung, wird zu einem Symbolort der zu erringenden Ich-Erfahrung, mit der eine vertiefte Welt- beziehungsweise Naturerkenntnis innig zusammenhängt, denn:

> Einem gelang es – er hob den Schleier der Göttin
> zu Sais.
> Aber, was sah er? Er sah – Wunder des Wunders
> – sich selbst.

Was aber, wenn es dem sterblichen Menschen unmöglich sein sollte, die Inschrift des Gottes oder der Göttin zu entziffern, das heißt der ihr zugrundeliegenden spirituellen Bedeutsamkeit inne zu werden? – Novalis antwortet darauf kategorisch und schließt das Lehrlingskapitel jener Dichtung mit den Worten ab: «Und wenn kein Sterblicher, nach jener Inschrift dort, den Schleier hebt, so müssen wir Unsterbliche zu werden suchen; wer ihn nicht heben will, ist kein echter Lehrling zu Sais.» – Und was den in der Dichtung auftretenden «Lehrer» anlangt, so ist dieser darauf bedacht, «dass wir den eigenen Weg verfolgen …»

Im Märchen ist das Ziel dieses Innenweges im Bild der Vereinigung von Hyacinth und Rosenblüt ausgedrückt, einer Imagination der mystischen Hochzeit, die im Seeleninnersten zu geschehen hat. Dieser Vereinigung – die mittelalterlichen Naturphilosophen sprachen von der «coniunctio» – muss eine Reinigung und tiefgreifende Wandlung vorausgehen.

Novalis fehlt aber auch nicht das andere, die irdisch-kosmische Realität einbeziehende Motiv. Der Dichter will und kann nicht verleugnen, dass er mit großer Sorgfalt einen Brotberuf zu betreiben hat, der ihn in Salinen und Bergwerken mit den Geheimnissen der stofflichen Welt konfrontiert. Das Ziel einer spirituellen Welterkenntnis suchten die Alchymisten und Rosenkreuzer auf dem Weg einer «*chymischen* Hochzeit» zu erlangen. Christliche Esoterik ist demzufolge nicht allein auf dem Pfad der mystischen Innerlichkeit zu verwirklichen. Seit den Tagen des Urchristentums wurde in ihr auch das Wissen um die Wandlung des Leibhaften gepflegt, sei es in sakramentaler Form, sei es im Zeichen des Heiligen Grals, sei es mit alchymistischer oder rosenkreuzerischer Zielsetzung.[4]

Friedrich von Hardenberg kennt diesen Doppelaspekt des Esoterischen nicht nur aufgrund literarischer Studien. Er weist sich allein schon durch die Art seiner Mitteilungen als einer aus, der aus eigener Erfahrung zu schöpfen vermag. Aber er wusste auch, dass die leibliche Seite des Weges sich nicht in quantifizierendem Wissen erschöpfen darf. Wir Heutigen haben zur Genüge erfahren, dass eine

4 GERHARD WEHR: *Esoterisches Christentum*. Von der Antike bis zur Gegenwart. Stuttgart: Klett-Cotta 1995.

nur quantitative Naturforschung zu jener tödlichen Bedrohung alles Lebendigen führt, von der Novalis noch kaum eine Ahnung gehabt haben konnte. Wir lesen heute jedenfalls sehr aufmerksam, was in dem mit «Natur» überschriebenen Kapitel der «Lehrlinge zu Sais» über die qualitative Seite des Geschöpflichen gesagt wird:

«Wie seltsam, dass gerade die heiligsten und reizendsten Erscheinungen der Natur in den Händen so toter Menschen sind, als die Scheidekünstler (Chemiker) zu sein pflegen! Sie (die Erscheinungen), die den schöpferischen Sinn der Natur mit Macht erwecken, nur ein Geheimnis der Liebenden, Mysterien der höhern Menschheit sein sollten, werden mit Schamlosigkeit und sinnlos von rohen Geistern hervorgerufen, die nie wissen werden, welche Wunder ihre Gläser umschließen. Nur Dichter sollten mit dem Flüssigen umgehen und von ihm der glühenden Jugend erzählen dürfen; die Werkstätten wären Tempel, und mit neuer Liebe würden die Menschen ihre Flamme und ihre Flüsse verehren und sich ihrer rühmen ...»

Diese Dichtung, in der poetische Bilder von naturphilosophischen Denkanstößen durchsetzt sind, mag auf den ersten Blick zwar als Ausdruck einer innigen Naturfrömmigkeit anerkannt werden. Wo bleibt aber das spezifisch Christliche? Berücksichtigt man jedoch den Kontext im Rahmen des Gesamtwerks und zieht man noch die zu den «Lehrlingen von Sais» erhaltenen Materialien zu Rate, dann steht die christlich-esoterische Aussage außer Zweifel. Es handelt sich bei den erhaltenen Notizen zwar nur um sehr knappe, formelhafte Andeutungen. Aber sie geben klar die Richtung an:

«Der Messias der Natur», heißt es da, und: «Neues Testament – und neue Natur – als neues Jerusalem ...» Und wenn in der Schlussstrophe des ersten der «Geistlichen Lieder» der mit Christus verbundene Mensch im Bild einer Frucht des Paradieses gesehen wird, dann hat hier der Dichter selbst den Schleier gelüftet. Es ist der Schleier, der das Mysterium vom kosmischen Christus bedeckt. Christus ist zum «Geist der Erde» (R. Steiner) geworden. Im Grunde knüpft Novalis mit seiner Anschauung bei der paulinisch-johanneischen Überlieferung an. «Das ängstliche Harren der Kreatur», von dem Paulus im 8. Kapitel seines Römerbriefs schreibt, findet eine letzte gültige Antwort durch jene gewaltige apokalyptische Imagination der zukünftigen Gottesstadt Jerusalem. Als *Ziel*bild der auf dem Weg befindlichen Menschheit steht das himmlische Jerusalem dem *Ur*bild des Paradiesgartens gegenüber. Diesen Weg vom «Garten» zur «Stadt» gilt es zurückzulegen. Es ist der Menschheitsweg schlechthin. Auf ihm befinden wir uns, ob wir uns dessen bewusst sind oder nicht.

Bei aller Liebe, die Novalis der Vergangenheit und den Gütern der geistig-religiösen Tradition zuwendet, dominiert bei ihm doch letztlich dieser *Zukunfts*aspekt. Seinen Aufsatz «Die Christenheit oder Europa» beginnt er zwar mit der wehmütig klingenden Feststellung: «Es waren schöne glänzende Zeiten, wo Europa ein christliches Land war, wo *eine* Christenheit diesen menschlich gestalteten Weltteil bewohnte.» Aber das Auge des Sehers hat bereits letzte, entfernteste Zukunftstatsachen ergriffen: «Nur Geduld, sie wird, sie muss kommen, die heilige Zeit des ewigen Friedens, wo das neue Jerusalem die Hauptstadt der Welt sein wird; und bis dahin seid heiter und mutig in den Gefahren der Zeit, Genossen meines Glaubens!»

Mit dieser Hoffnung steht Novalis nicht allein. Er tritt an die Seite des mittelalterlichen Sehers Joachim von Fiore, der nach den Zeiten des (alttestamentlichen) Vaters und des (neutestamentlichen) Sohnes das Reich des Heiligen Geistes herannahen sieht, einen neuen Weltzustand. Durch Lessings Aufsatz «Die Erziehung des Menschengeschlechts» war Novalis mit diesem Gedanken bekannt geworden. Und doch werden wir ihn nicht daran zu messen haben, was er an Motiven von da oder von dort übernommen haben mag. Nur echte Inspiration, echte Geistesgegenwart ist überhaupt in der Lage, derartige «Materialien» – gleichsam von innen her – aufzunehmen und aus dem inspirierenden Geist heraus zu durchdringen.

Von daher gesehen ist es verständlich, wie Novalis die alte Frage des Verhältnisses von Geist und Buchstabe für sich beantwortet. Seine Antwort reiht ihn ein in die Schar der Esoteriker, die sich bei allem Respekt vor der Tradition heiliger Schriften und Überlieferungen vom Buchstaben freizumachen vermögen. Denn:

«Der Heilige Geist ist mehr als die Bibel. Er soll unser Lehrer des Christentums sein, nicht toter, irdischer, zweideutiger Buchstabe.» Dies kann Novalis sagen, wiewohl für ihn in den Evangelien «die Grundzüge künftiger und höherer Evangelien» liegen. Der um die Erneuerung des Christentums Bemühte, seines apostolischen Auftrags Bewusste, verfällt daher nicht einer orientierungslosen Schwärmerei: Geist und Buchstabe sind für ihn aufeinander bezogen. Damit bezeichnet er gleichzeitig den Punkt, wo eine die spirituellen Gehalte der Bibel ernst nehmende Überlieferung anzusetzen hat. Ein Beispiel für die Suche nach der Möglichkeit eines spirituellen Bibelverständnisses bietet der Brief Friedrichs an Coelestin Just vom 26. Dezember 1798. Aus ihm wird deutlich, dass die beiden Freunde unterschiedliche Auffassungen vertreten. Justs Position beschreibt Novalis so:

«Sie hängen mit kindlichem Sinn an den unwandelbaren Chiffren einer geheimnisvollen Urkunde, die seit Jahrtausenden unzählige Menschen mit göttlichem Leben erfüllt und Ihre ehrwürdigen Vorfahren ein langes Leben hindurch wie ein Palladium begleitet hat – einer Urkunde, die, außer wenigen unbegreiflichen Worten, Vorschriften und Beispiele, Geschichten und Lehren enthält, die mit allem übereinstimmen, was die besten und weisesten Menschen, was unser eigenes Gewissen mehr oder weniger klar als das Vortreffliche und Wahre empfohlen, kennen gelernt und bewährt gefunden haben. Es scheint sich in ihr noch über alles dieses eine unendliche Welt, wie ein Himmel, zu wölben und eine entzückende Aussicht in eine himmlische Zukunft wundertätig zu eröffnen. Mit welchem Herzen nehmen Sie an der Bibel ein Unterpfand Gottes und der Unsterblichkeit in die Hand – wie glücklich müssen Sie sich vorkommen, wenn Sie sich überzeugt sehen, an ihr eine überirdische Schrift, eine bleibende Offenbarung zu besitzen …»

Diese von Novalis durchaus respektierte Anschauung des Freundes nennt er die «Theologie des historisch-kritischen Verstandes», der, nach Meinung Justs, einen unumstößlichen Beweisgrund für die Glaubwürdigkeit der Bibel bereit stelle. Wenn Novalis dem auch nicht eigentlich widerspricht – durch Erziehung und Einsicht kennt er diese Coelestin verwandte Auffassung von der Bibel als Urkunde der religiösen Erfahrung –, so blickt er doch auf das in der Urkunde Aufgehobene selbst hin, auf den Geist, der sich darin ausdrückt. Novalis erlebt eine Unmittelbarkeit des göttlichen Geistes, die sich selber trägt. So stellt er dem Freund seine eigene Auffassung weit ausholend daneben:

«Wenn ich weniger auf urkundliche Gewissheit, weniger auf den Buchstaben, weniger auf die Wahrheit und Umständlichkeit der Geschichte fuße; wenn ich geneigter bin, *in mir selbst* höheren Einflüssen nachzuspüren und mir einen *eigenen Weg* in die Urwelt zu bahnen; wenn ich in der Geschichte und den Lehren der christlichen Religion die symbolische Vorzeichnung einer allgemeinen, jeder Gestalt fähigen Weltreligion – das reinste Muster der Religion als historischer Erscheinung überhaupt – und wahrhaftig also auch die vollkommenste Offenbarung zu sehen glaube; wenn mir aber eben aus diesem Standpunkt alle Theologien auf mehr und minder glücklich begriffenen Offenbarungen zu ruhen scheinen, … so werden Sie das vorzüglichste Element meiner Existenz, die Phantasie[5], in der Bildung dieser Religionsansicht nicht verkennen.»

Was Novalis in diesem Brief eben erst behutsam andeutet, das ist in der Geisteswissenschaft Rudolf Steiners vor allem in methodischer Hinsicht folgerichtig ausgebaut worden, indem Steiner unter Beibehaltung der wissenschaftlichen Exaktheit (im naturwissenschaftlichen Sinn) zu «höheren Methoden» der Geist-Erfahrung einen Weg

5 Novalis meint damit die Kraft der Imagination, die spirituelle «Ein-Bildungskraft», der er einen höchsten Wert zuspricht; vgl. Florian Roder: *Novalis*, S. 16 ff.

wies. Auf das Christentum und seine Überlieferung angewandt, heißt das: «Auch über die bloß geschichtliche Erforschung der Dokumente des Geisteslebens muss ein also Forschender hinausschreiten. Er muss es gerade wegen seiner aus der Betrachtung des natürlichen Geschehens geschöpften Gesinnung ... Die Geschichte kann da nur der Vorhof der eigentlichen Forschung sein. Nicht dadurch erfährt man etwas über die Vorstellungen, welche in den Schriften des Moses oder in den Überlieferungen der griechischen Mysten herrschen, dass man die geschichtliche Entstehung der Dokumente verfolgt. In diesen haben doch die Vorstellungen, um die es sich handelt, nur einen äußeren Ausdruck gefunden ... Im Geistesleben wird man sich an den Geist und nicht an seine äußeren Dokumente zu halten haben.»[6] –

Was also die Christusanschauung und das Bibelverständnis bei Novalis betrifft, so wird nach dem Inspirationsquell zu fragen sein, auf den er sich selbst immer wieder beruft.

Der entscheidende Wendepunkt auf dem Weg nach innen ist für Friedrich von Hardenberg in der Begegnung mit Sophie von Kühn zu suchen. Das Zusammentreffen mit diesem der Kindheit noch kaum entwachsenen Mädchen ist – je nach Standort und Betrachtungsart – unterschiedlichen Deutungen zugänglich.[7] Hier sei nur auf jenen Aspekt kurz eingegangen, den der junge Dichter

6 Rudolf Steiner: *Das Christentum als mystische Tatsache. Einleitende Gesichtspunkte.* (GA 8) Dornach 1959, S. 16 f.

7 Heinz Ritter-Schaumburg: *Novalis und seine Braut.* Stuttgart: Urachhaus 1986.

selbst für lebensentscheidend gehalten hat, nämlich den der Einweihung in die Mysterien von Liebe und Tod. Im Sinne der esoterischen Tradition könnte man es auch das «Mysterium coniunctionis» nennen, durch das der Mensch eine tiefgreifende Wandlung erfährt und sein eigentliches Ich, sein wahres Selbst findet: Der junge Novalis wird sich in diesem Erlebnis blitzartig bewusst, dass er der *einen* Geliebten – nicht einer unter vielen möglichen – gegenübertritt. Und wiewohl der Eros des Blutes auch bei ihm seine unverkennbare leidenschaftliche Sprache spricht, für die uns Novalis unmissverständliche Belege liefert, fühlt der der Geliebten Begegnende deutlich, «dass es nähere Verwandtschaften gibt, als die das Blut knüpft».

Wo es um mehr geht als um ein kurzlebiges, rascher Veränderung unterworfenes Fühlen, um mehr als bloße Liebelei, da wird eine Probe besonderer Art verlangt. Sie muss angesichts des Todes bestanden werden. Erst als Sophie nach schwerem Leiden gestorben ist und erst als die Tage einer dumpfen Trauer vorüber sind, beginnt für den jungen Mann gleichsam von der anderen Seite der Wirklichkeit her das Licht eines neuen Lebens aufzuleuchten. Wenn Novalis auch bereits zu Lebzeiten sagen konnte, dass seine Braut denselben Namen trage wie sein Studium, nämlich «Philo-Sophie», so eröffnet sich ihm jedoch erst nach Sophiens Tod der Blick für die wesenhafte Transparenzerfahrung. Das heißt: Jetzt erst wird er im Vollsinn des Wortes der geistigen Wirklichkeit gewahr, die zwar existentiell mit Namen und Person eines Menschen verbunden ist, die jedoch erst dann wahrgenommen werden kann, wenn sich die Augen des Geistes auftun als Wahrnehmungsorgane einer höheren Ordnung.

Das Erstaunliche und in der Geschichte des neueren Christentums Einmalige liegt zweifellos darin, dass der streng pietistisch erzogene Protestant Friedrich von Hardenberg durch diese Liebes- und Todeserfahrung den Zugang zur Dimension der göttlichen Sophia findet. Damit ist die Enge und Einseitigkeit einer patriarchalisch ausgerichteten Frömmigkeit und Theologie durchbrochen, die er nach Art der Herrnhuter des Grafen Zinzendorf in seinem Elternhaus kennen gelernt hat. Es muss ferner hinzugefügt werden, dass diese Sophia nicht einfach mit Maria, der Mutter Jesu, identifiziert werden darf, wie das Marien- und Muttermotiv in so mancher Dichtung es nahe legen könnte. Auch hier wird man Erscheinung und Urbild auseinanderhalten müssen, um gegen kurzschlüssige Deutungen gefeit zu sein.

Die in der christlichen Esoterik immer wieder auftauchende, zuvor von dem einflussreichen lutherischen Mystiker und Theosophen Jakob Böhme (1575 – 1624) geschaute Wesenheit der göttlichen Sophia lässt sich kaum in befriedigender Weise definieren.[8] Sie ist – wie jedes echte Symbol – vielgesichtig und vieldimensional. Da ist einmal der Aspekt der «Weisheit Gottes», die bereits bei der Weltschöpfung als «Werkmeisterin» wirksam war. Das

8 Es war Ludwig Tieck, der Novalis auf Böhme und dessen inspirierte Schriften aufmerksam gemacht hat. Aus ihnen empfing der Dichter noch in der letzten Schaffensphase entscheidende Impulse. Jakob Böhmes Hauptschriften, unter ihnen «Aurora oder Morgenröte im Aufgang», «Christosophia oder Weg zu Christus», verdienen zusammen mit seinen «Theosophischen Sendbriefen» (jetzt als Insel-Taschenbuch-Ausgaben zugänglich) gelesen zu werden.

Alte Testament und die jüdische Kabbala wissen von ihr ebenso zu berichten wie die christliche Theosophie, zu deren Leitfiguren Jakob Böhme gehört. – Und da ist andererseits die weiblich aufgefasste Wesensseite des inspirierenden Geistes. Novalis vermochte sich diese Tatsache bewusst zu machen, wenn er sagte, dass er Sophie ihrer Geistgestalt nach gar nicht verloren habe. In Wirklichkeit habe er sie, die bis dahin unbewusste Seite seines eigenen schöpferischen Selbst, erst nach ihrem Tod gefunden. Die Fähigkeit, sie wahrzunehmen, wurde ihm erst durch den Tod geschenkt. Von der in seinem Tagebuch verzeichneten Vision am Grab der früh verstorbenen Geliebten und von der in den «Hymnen an die Nacht» berichteten Schau datiert das Dichtertum des Novalis.

Ebenfalls im Tagebuch, das der Trauernde unmittelbar nach der Beerdigung geführt hat, findet sich das Doppelwort, das als Schlüsselwort seines geistig-religiösen Erkenntnisringens gelten kann. Es lautet lapidar : «Christus und Sophie». – Damit lässt Novalis die durch Dogma und Bekenntnisformeln fixierten Positionen des traditionellen Kirchentums hinter sich und stößt das Tor zu einem Christentum auf, das den Menschen auf einen Weg stellt, der zum Menschheitsziel im Einzelnen – wie auch in kosmischer Hinsicht – hinführt. Es umfasst Selbsterkenntnis und Welterkenntnis, die mystische und die chymische Hochzeit. Martin Beheim-Schwarzbach hat es einmal den «esoterischen, im tiefsten johanneischen Sinne christlichen Geist» genannt, dem keine Weite der Welt und keine Ferne des Geheimnisses unerreichbar erscheine. So hat sich Novalis den großen Mystikern, insbesondere Jakob Böhme, als Ebenbürtiger an die Seite gestellt, so fragmentarisch seine literarische Hinterlassenschaft auch sein mag. In diesem Sinne urteilt Friedrich Hiebel summarisch:

«Mit ihm begann eine neue Epoche christlicher Existenz, die sich auf dem Boden des Bewusstseins vom reinen Ich gründet. Er lebt uns einen Typus christlicher Jüngerschaft vor, den es bisher nicht gab. Seine Sehnsucht nach der Wiederkehr des goldenen Zeitalters entsprang seiner reinen Bereitschaft zum Kindsein, zu johanneischer Gotteskindschaft. Das empfanden selbst Menschen, die ihn in seiner Zeit nur von ferne ahnten ... In Novalis lebte Ankunftsstimmung eines Zeitalters, das sich mit ihm in Augenblicken des Sehertums zur Gewissheit der Christusgegenwart steigerte. Erst allmählich hat er in unserem Jahrhundert Heimstatt gefunden. Als ein Kommender wird er in das künftige Jahrtausend eingehen.»

Freilich, es kann uns heute nicht darum gehen, lediglich zu den Texten, Denkmustern und dichterischen Bildgestaltungen Friedrich von Hardenbergs zurückzukehren. Das hieße, abermals den Buchstaben höher halten als den Geist, aus dem heraus der Denker sann, aus dem heraus der Dichter schuf und auf den der Seher mit der Eindringlichkeit und Autorität eines Geisteslehrers hinwies. Er wollte, wie eingangs gesagt, Menschen auf die Spur setzen und ihnen die Richtung zeigen. Dieser Hinweis ist von ihm gegeben, der Sendungsauftrag, von dem er wiederholt sprach, ist der Verwirklichung jedes Einzelnen anheim gestellt worden. Das muss angesichts der Erfordernisse dieser Zeit geschehen. Es geht ja nicht um die Verteidigung von Orthodoxien oder um die Rechtfertigung einmal bezogener Positionen. Vielmehr gilt es, dem vermächtnisartigen Wort des Novalis nachzudenken, dessen Aktualität keines Beweises bedarf:

«Wir sind auf einer Mission –
zur Bildung der Erde sind wir berufen.»

H. P. Blavatsky und die christliche Theosophie

Wenn heute von «Theosophie» als von einer Weise spiritueller Wirklichkeitsdeutung gesprochen wird, geht man in der Regel davon aus, dass es sich dabei um die anglo-indische Theosophie Helena Petrovna Blavatskys (1831 - 1891) und Annie Besants handle. Auch an zahlreiche, in einzelne Gesellschaften aufgespaltene Nachfolgeorganisationen, die sich auf beider sowie Namen anderer berufen, ist gelegentlich zu denken. Das führt immer wieder zu erheblichen Missverständnissen. Zum einen geraten hierbei wichtige Bezirke der abendländischen Religions- und Geistesgeschichte aus dem Blick oder werden in ihrer Bedeutung unterschätzt. Zum andern ist auch die Anthroposophie davon betroffen. Das geschieht, wenn etwa unzureichend informierte Kritiker unterstellen, das Werk Rudolf Steiners lasse sich auf einfache Weise von eben jener sich so nennenden «Theosophie» ableiten. Man muss jedoch nur die geistige Physiognomie der medial überaus begabten Madame Blavatsky und die ganz anders geartete Geisteshaltung Steiners gegeneinander halten, um sich ein Bild vom wahren Sachverhalt zu machen.

Nicht wenige Ähnlichkeitsmomente zwischen der

anglo-indischen Theosophie und der Anthroposophie scheinen aber besagte Unterstellung zu stützen. Denn wie bekannt, bot die zu Beginn des 20. Jahrhunderts von Annie Besant geleitete Theosophische Gesellschaft (Theosophical Society) Rudolf Steiner für eine begrenzte Zeit die Möglichkeit, Anthroposophie vor der Öffentlichkeit zu vertreten. Dabei handelte es sich aber weitgehend nur um den organisatorischen Rahmen, in dem er ein entsprechend aufgeschlossenes Publikum mit den Grundlagen einer dem *heutigen* Bewusstsein angemessenen Erkenntnisart vertraut zu machen versuchte. Man könnte auch auf die Tatsache verweisen, dass Steiner in der fraglichen Zeit (d. h. zwischen 1902 und 1912) sich der in der Theosophical Society verwendeten Terminologie bediente, wenn er Ergebnisse seines eigenen Forschens darlegte. Selbst eines seiner frühen Grundlagenwerke betitelte er «Theosophie» (GA 9). Außer Frage steht indessen, dass es sich dabei nicht etwa um inhaltliche Anleihen bei Blavatsky oder anderen handelte, sondern gemäß Untertitel um eine «Einführung in übersinnliche Welterkenntnis und Menschenbestimmung», sowie im Schlusskapitel um Konturen des anthroposophischen Erkenntniswegs und wie er übend beschritten werden könne. So würde sich das oben genannte Missverständnis immer weiter fortsetzen, wenn man darauf verzichtete, die Profile zweier schon von Ansatz und Wesensart her unterschiedlichen Sicht- und Forschungsweisen gegeneinander zu stellen.

Bemerkenswert ist folgende Ausgangssituation: Der kleine Kreis jener Menschen mit H.P. Blavatsky (HPB) und Henry Steel Olcott in seiner Mitte, der sich im November 1875 in New York konstituierte, um sich über die zukünftige gemeinsame Arbeit klar zu werden, verfolgte durchaus differierende Interessen. Man musste sich zum Beispiel erst einig werden, wie die geplante Gemeinschaft künftig genannt werden sollte. Als man sich schließlich für die Bezeichnung «Theosophie» und «Theosophische Gesellschaft» entschied, dachte man als Namensgeber in erster Linie an bestimmte Vertreter der antiken Philosophie, speziell an Repräsentanten einer nach Gottesweisheit oder «Theosophie» fragenden Strömung, u. a. an die in frühchristlicher Zeit im Alexandrien des 3. Jahrhunderts in Erscheinung getretenen Neuplatoniker, auch an Plotin. Dabei handelte es sich um durchaus nichtchristliche Denker.[1] Bei der Wahl des Namens folgte man offensichtlich dem Bestreben, sich künftig auf einem nichtkonfessionellen bzw. außerreligiösen Feld zu bewegen. Das geschah gemäß dem Motto der theosophischen Bewegung. Es ist das Wort, das unter anderem auf dem Titelblatt von HPBs «Geheimlehre» steht: «Keine Religion ist höher als die Wahrheit.»[2]

Nun ist festzuhalten, was dem erwähnten amerikanischen Gründerkreis zum genannten Zeitpunkt offensichtlich nicht deutlich genug bewusst war, nämlich dass der übernommene Terminus «Theosophie» (griech. *Sophia tou theou)* nicht nur schon im ältesten Christentum verwurzelt war und in den Briefen des Apostels Paulus an wichtiger Stelle (u. a. 1.Kor. 1, 24) steht. Als Theosophie lässt sich darüber hinaus eine vielgestaltige Geistesbewe-

1 H. P. Blavatsky (HPB): *The Key to Theosophie* (1889). Pasadena 1979, S. 1f.

2 Dies.: *Secret Doctrine* (1888), *Die Geheimlehre I/III*, übersetzt von Robert Froebe. Ulm 1958.

gung bezeichnen, die in nachreformatorischer Zeit in Blüte gekommen war und durch Gestalten wie Jakob Böhme, Friedrich Christoph Oetinger, Franz von Baader, Saint-Martin und viele andere vertreten ist. Das gilt nicht weniger für eine Reihe von Repräsentanten des Goetheanismus. Dass Theosophie auch in anderen, außerchristlichen Zusammenhängen vorkommt, kann an dieser Stelle außer Betracht bleiben. Im Unterschied zur rational-wissenschaftlich operierenden Theologie, die eine vorwiegend gedankliche Auseinandersetzung mit religiösen Inhalten betreibt und die im Christentum die überkommenen Texte der hebräischen wie der griechischen Bibel des Alten und Neuen Testaments interpretiert, basiert Theosophie vor allem auf Inspiration, auf religiöser Spekulation und geistiger Schau, die bis zur mystischen Gott-Versunkenheit reichen kann. Theosophie und Mystik berühren sich, jedoch ohne miteinander identisch zu sein.

Dass beispielsweise die protestantische Theologie der mystischen Erfahrung und christlichen Theosophie gegenüber ein durchaus gespaltenes Verhältnis an den Tag legt, wiewohl es «Mystik im Protestantismus»[3] seit den Tagen Martin Luthers gibt, zeigt die Geschichte von den Tagen der Reformation bis heute. Dabei handelt es sich im Selbstverständnis der christlichen Theosophen um eine Weisheit (Sophia), die nicht Machwerk des Menschen ist. Sie ist vielmehr dem Wortsinn nach als eine Weisheit anzusehen, die von Gott geschenkt wird, wie immer das Gottesbild geartet sein mag, das – sei es durch Theologen,

3 Belege u. a. in Gerhard Wehr: *Mystik im Protestantismus. Von Luther bis zur Gegenwart*. München 2000.

sei es durch Theosophen – zugrunde gelegt wird. Prinzipiell ist alles Seiende, die Schöpfung in ihrer Totalität, von dieser Gottesweisheit erfüllt. Darin stimmen das Alte wie das Neue Testament überein. Sie verkörpert (nach Jakob Böhme) das «ausgesprochene Wort Gottes», das als Niederschlag des göttlichen Schöpfungswortes anzusehen sei. Bekannt ist in diesem Zusammenhang die programmatische Aussage des schwäbischen Theologen und Theosophen Oetinger (18. Jahrhundert): «Leiblichkeit ist das Ende (im Sinne von Ziel und Bestimmung) der Werke Gottes.»[4] Denn allem, was in der sichtbaren und unsichtbaren Welt in Erscheinung tritt, liegt das dynamisch «sprechende Wort» des Schöpfers zugrunde, das dem göttlichen Geheimnisgrund entströmt. So besteht letztlich auch kein Dissens zur biblischen Überlieferung, weil Gott sich demnach nicht nur im menschlichen Sinn verbal, sondern in erster Linie kreativ, also konkret, manifestiert.

Theosophien dieser (ursprünglichen) Prägung sind «von dem Verlangen erfüllt, die religiöse bzw. christliche Überzeugung nicht nur lebensmäßig zum Ausdruck zu bringen, sondern auch nach der Seite der Erkenntnis hin so weit wie möglich auszubauen. Die Theosophie begnügt sich nicht mit dem, was Philosophie, Metaphysik und Theologie *über* Gott, Welt und Mensch auszusagen wagen; man will vom Glauben aus zu höheren Formen der Wahrheitsschau aufsteigen.»[5]

4 Friedrich Christoph Oetinger: *Biblisches und emblematisches Wörterbuch* (1776). Hildesheim 1987, S. 407.

5 Adolf Köberle: Theosophie, in: *Religion in Geschichte und Gegenwart (RGG)*. 3. Aufl. Tübingen, Bd. VI, Sp. 845.

Stärker als die auf die Bibel und die kirchlichen Traditionen mit ihren besonderen konfessionellen Ausformungen gestützte Theologie ist Theosophie also durch spirituelle Erfahrung bestimmt. Enge Wechselbeziehungen bestehen im übrigen – wie zur Mystik – auch zur Gnosis, d. h. zur spirituellen Erkenntnis im allgemeinen. Wie die Geschichte zeigt, liegt hier eines der Motive für die nicht selten erfolgte Verketzerung theosophischer wie gnostischer Bestrebungen durch Instanzen der verfassten Kirche. Weitergreifend bestehen Wechselbeziehungen zur religiösen Esoterik (von griech. *eso, innen)*, wie sie in jeder Religion als die *Innenseite* der Überlieferung und des religiösen Erlebnisses, der Ergriffenheit und der geistigen Schau vorhanden ist.[6] Mit anderen Worten: Es handelt sich in Geschichte und Gegenwart um Erlebnis- und Erkenntnisgebiete, um Ideen- und Formenkreise, die einander großenteils überdecken, sich zumindest berühren, wobei in Mystik wie in Theosophie das interreligiös Verbindende dominiert, während dogmatische Festlegungen, wie sie in den über Jahrhunderte sich erstreckenden Bekenntnisbildungen erfolgt sind – deren historisch bedingte Berechtigung nicht grundsätzlich bestritten werden soll –, naturgemäß trennen und unnötige Fronten aufrichten. Das ist das Eine.

Überblickt man andererseits die Geschichte des Christentums in ihrer theologischen Entwicklung, insbesondere ihrer Auf- und Umbrüche, ihrer Spaltungen und Refor-

6 Vgl. u. a. GERHARD WEHR: *Esoterisches Christentum. Von der Antike bis zur Gegenwart* (1975); jetzt: *Gnosis, Gral und Rosenkreuz*. Köln 2007.

mationen, so ist zu beobachten, welches Gewicht der Lehrbildung und rational betonten theologischen Arbeit im Laufe der Jahrhunderte zugewachsen ist, während das Element der spirituellen Erfahrung, man könnte auch sagen: das Gnosis- bzw. Sophien-Prinzip, stark vernachlässigt wurde. Damit ging innerhalb der verfassten Kirche selbst eine immer wieder beklagte Auszehrung des geistlichen Lebens einher. Doch fehlte es zu keiner Zeit an Impulsen für eine spirituelle Erneuerung, auch wenn deren Träger von offizieller Seite her meist in Misskredit gerieten. Mystisch-meditative, so auch gnostische bzw. theosophische Bestrebungen dieser Art verfielen dem lehramtlichen Häresieverdacht. Ein Verdrängungsprozess erheblichen Ausmaßes griff um sich. Es kam somit notgedrungen zur Bildung von mystisch-theosophischen *Unterströmungen*, auch wenn sich deren Träger bemühten, die volle Vereinbarkeit ihres Lebens und Erkennens mit der großen Tradition der Christenheit zu betonen, also einer *Ökumene des Geistes* zu dienen.

Zweifellos stellte die von HPB initiierte theosophische Bewegung anglo-indischer Prägung einen zeitbedingten, jedoch achtbaren Versuch dar, den materialistisch-positivistischen bzw. geistleugnenden Tendenzen des ausgehenden 19. Jahrhunderts konstruktiv entgegenzutreten. Das geschah, wie bekannt, in Anlehnung an hinduistische wie an buddhistische Ideale. Es war noch nicht lange her, dass mit der Erlernung der asiatischen Sprachen auch die Erforschung der Religiosität insbesondere Indiens, Sri Lankas (Ceylons) und anderer Verbreitungsgebiete des Buddhismus Fortschritte machte. HPB, die diesen Entwicklungen ihre Aufmerksamkeit schenkte, war zwar die theosophische Tradition des Abendlands nicht völlig fremd, doch ließ sie sich von östlichen «Meistern» leiten, unter denen sie bald physisch verkörperte spirituelle Lehrer, bald ihrem individuellen Ich übergeordnete geistige Instanzen verstand[7]. Bestenfalls zitatweise tauchen Namen wie die Jakob Böhmes und anderer Theosophen des Abendlands in ihren Werken auf. Doch eine bewusste Anknüpfung oder gar Weiterführung der durch die christliche Theosophie begründeten Geistesströmung lag außerhalb ihrer Absichten. (Gesondert betrachtet werden müssten in diesem Zusammenhang Bestrebungen teils spiritueller, teils mystischer Art, wie sie im Laufe des 20. Jahrhunderts in Philosophie und Theologie, sowie in Bereichen der Kunst und Literatur in Erscheinung getreten sind. Nicht selten entstand auch eine Pseudo-Mystik, etwa mit völkisch-rassistischen Tendenzen, wodurch die mystische Spiritualität als solche in Misskredit geraten ist. Dass derartige Erscheinungen kritisch zu beleuchten sind, steht außer Frage.)[8]

Fragt man nun, wer an die bestehende, jedoch weithin vergessene theosophische Bewegung christlicher Prägung anknüpfte, um sie in gegenwartsgemäßer Weise weiter zu entwickeln, so erfolgte das entgegen mancher Erwartung nicht etwa auf Initiative kirchlicher bzw. theologischer Kreise. Eher das Gegenteil war der Fall. Maßgebliche Vertreter der protestantischen Theologie, etwa Albrecht

7 Hierzu ausführlich: Gerhard Wehr: *H.P. Blavatsky. Die moderne Sphinx*. Dornach 2005.

8 Gerhard Wehr: *«Nirgends, Geliebte, wird Welt sein als Innen.» Mystik im 20. Jahrhundert*. Gütersloh 2011, S. 245 - 252.

Ritschl, Adolf von Harnack, Karl Barth, Emil Brunner, Paul Althaus sowie andere betrachteten jede Gestalt der Mystik und damit auch der christlichen Theosophie als im eklatanten Widerspruch zum biblischen Gottesglauben stehend. Das musste nachhaltige negative Wirkung in der kirchlichen Öffentlichkeit haben – so geschehen in den ersten Jahrzehnten des 20. Jahrhunderts[9].

Vor diesem Hintergrund ist es nun bemerkenswert, dass es Rudolf Steiner war, der bereits in den Anfangsjahren der von ihm als Generalsekretär geführten deutschen Sektion der Theosophischen Gesellschaft und in Würdigung der goetheanistischen Denkweise auch auf die wegweisenden Impulse aufmerksam machte, die von der christlichen Theosophie ausgegangen sind. Dabei handelte es sich jedoch nicht um einen bloßen Rückgriff. Ihm ging es vielmehr darum zu zeigen, inwiefern diese originäre «Gottesweisheit» befruchtend auf wichtige Vertreter der klassischen Philosophie, auch auf die Romantik und den Goetheanismus gewirkt hat. Als nämlich die Föderation europäischer Sektionen der Theosophischen Gesellschaft in den ersten Junitagen des Jahres 1906 in Paris zu ihrem dritten Kongress zusammentrat, beschäftigte sich Steiners Grundsatzreferat mit dem Thema «Theosophie in Deutschland vor hundert Jahren». Das heißt: Indem er geistesgeschichtliche Pioniere und geistige Wegbereiter der im Werden begriffenen Anthroposophie in Erinnerung rief, konfrontierte er die orientalisierende anglo-indische Theosophie H.P. Blavatskys mit der abendländisch-christlichen. Dieses Thema war ihm wichtig genug, dass er

9 A.a.O. S. 123 – 129.

darüber nicht nur allgemein berichtete[10], sondern dessen Inhalt auch in Gestalt eines Autoreferats einem größeren Leserkreis zugänglich machte.[11] Darin ist zum Ausdruck gebracht, welche nachhaltigen, von den spirituellen Grundlagen der Philosophie ausgehenden Anstöße von mystisch-theosophisch geprägten Persönlichkeiten des Abendlands gegeben worden sind[12].

Für Rudolf Steiner kam diese bewusste Anknüpfung an die christlich-abendländische Theosophie nicht von ungefähr. Diese war ihm nicht nur Forschungsgegenstand. Vertieft man sich in seine Biographie, dann stellt man fest, dass er um die Zeit seiner Lebensmitte (etwa um 1900) eine tiefgehende Wandlung zu bestehen hatte. Der eher freigeistige, individualistisch-monistisch geprägte junge Philosoph in der Nachfolge Nietzsches und Max Stirners hatte eine seelische Krise durchzustehen, die ihn auf dem Weg innerer Erfahrung zu Christus führte. In seiner Autobiographie nannte er diesen Lebensmoment «das geistige Gestandenhaben vor dem Mysterium von Golgatha»[13]. Von da an konnte er sich ermächtigt fühlen, auf neue Weise von Christus zu sprechen und in der werdenden Anthroposophie die göttliche Sophia – Theosophie als Gottesweisheit – zu bezeugen.

10 Rudolf Steiner: *Luzifer-Gnosis* (GA 34). Dornach 1960, S. 572 - 583.

11 Rudolf Steiner: *Philosophie und Anthroposophie. Gesammelte Aufsätze.* (GA 35). Dornach 1965, S. 43 - 65.

12 Gerhard Wehr: *Jakob Böhme. Inspiration und Wirkung in der deutschen Geistesgeschichte*; jetzt: *Ursprung, Wirkung, Texte* (mit zahlreichen Einzelnachweisen und internationaler Sekundärliteratur). Wiesbaden 2010.

Er machte sich die Einsicht zu eigen, dass man sich nicht damit begnügen dürfe, lediglich die philosophischen Systeme eines Fichte, Hegel, Schelling und anderer zu betrachten. Vielmehr müsse man auch jene in ihrer Bedeutung gar nicht zu unterschätzenden «Unterströmungen» des Christentums, die diese Systeme beeinflusst haben, in Betracht ziehen. Andernfalls würde man doch wieder nur deren gedankliche Strukturen zur Kenntnis nehmen[14].

Zu unterscheiden seien daher für das deutsche Geistesleben «zwei Reihen von Tatsachen, von denen eine die Oberfläche (darstellt), die andere aber als eine tiefere Grundlage betrachtet werden muss. Das Ganze macht den Eindruck eines dahingehenden Stromes ...»[15] Die Tiefendimension dieses Stroms dürfe man nicht unberücksichtigt lassen. Denn «diese Tiefe enthält ein reiches, fruchtbares okkultes Leben. Und es ist dies kein anderes als dasjenige, welches einstmals in den Werken der großen deutschen Mystiker ... pulsierte ... Die Art und Weise, wie zum Beispiel Jakob Böhme seine großen Geisteserlebnisse zum Ausdruck gebracht hatte, stand nicht mehr

13 Gerhard Wehr: *Rudolf Steiner. Leben, Werk, Wirkung.* München 1987, S. 128 ff.; 222 ff.

14 Wie berechtigt dieser Hinweis ist, erhellt allein schon aus der Tatsache, dass beispielsweise die in Schellings Schaffen so wichtige Schrift über das Wesen der menschlichen Freiheit (1809) erst von Jakob Böhme und seinem Gottesbild her verständlich ist, wenngleich es der Philosoph unterlässt, seinen Vordenker, den er reichlich zitiert, auch nur mit einem Wort zu erwähnen!

15 Rudolf Steiner: *Philosophie und Anthroposophie*, S. 44.

im Vordergrunde der tonangebenden literarischen Diskussion, aber der *Geist* dieser Erlebnisse wirkte lebendig fort.» Während sich also HPB auf die in ihrem mediumistischen Schaffen wirkenden «östlichen Meister» berief, vertraute Steiner Mitgliedern der von ihm geleiteten Esoterischen Schule gelegentlich an, was ihm seine eigenen «Meister», d. h. die ihm zugänglichen Inspirationen, mitgeteilt und mahnend aufgetragen hätten, nämlich: «Lest eure großen Idealisten: J.G. Fichte, Jakob Böhme, besonders aber Angelus Silesius.»[16]

Dies waren keinesfalls nur beiläufige, gelegentliche Erwähnungen dessen, was von der abendländisch-christlichen Theosophie in das geistige Leben Europas eingeflossen ist. Als weitere Beispiele mögen Steiners Berliner Vorträge von 1917 angeführt werden, die unter dem Titel «Bausteine zu einer Erkenntnis des Mysteriums von Golgatha» (GA 175) zusammengetragen sind. Neben den Namen von Paracelsus und Böhme begegnet man darin wiederholt auch Friedrich Christoph Oetinger und Louis-Claude de Saint Martin[17], die beide im 18. bzw. 19. Jahrhundert in die Fußstapfen Jakob Böhmes getreten sind. Steiner sprach im Blick auf Saint-Martin von «einer tief einschneidenden Bedeutung dieses Mannes», obwohl er mit dieser Einschätzung sicher zu weit geht, zumal nicht wenige seiner (Saint Martins) Zeitgenossen, unter ihnen auch Goethe, die Schriften des französischen Theosophen mit einiger Skepsis beurteilten. Um so nachhaltiger hat Oetinger auf seine profilierten Landsleute Hegel,

16 Rudolf Steiner im Brief vom 2. Januar 1905 an Günther Wagner, in GA 264, S. 85.

Schelling und auch Hölderlin gewirkt. Dass es sich bei den Genannten um Repräsentanten einer Geistesart handelt, die einer «Abenddämmerung der Theosophie» christlich-abendländischer Prägung entspricht und deshalb um der geistesgeschichtlichen Kontinuität willen einer angemessenen Vergegenwärtigung bedarf, unterliegt kaum einem Zweifel[18].

Denn dass sich diese Theosophie, die Oetinger «Philosophia sacra», heilige Philosophie, genannt hat, einer heute nicht mehr gängigen Begrifflichkeit bediente, war Steiner sehr klar. In diesem Sinne legte er den Nachfahren von HPB, und nicht nur ihnen, nahe, sich von neuem in die geistige Hinterlassenschaft der Genannten zu vertiefen. Denn: «Es ist von ungeheuer großer Bedeutung, sich jene Sprache anzueignen, die eigentlich heute nicht mehr gesprochen wird, die aber noch nicht zu Ende gesprochen ist, bei Saint-Martin, bei Oetinger oder in älteren Zeiten bei Paracelsus, bei Jakob Böhme.»[19]

17 Zu Steiners Einschätzung des französischen Theosophen, den zuerst Matthias Claudius ins Deutsche übertragen hat, vgl. Gerhard Wehr: *Louis Claude de Saint-Martin. Der «unbekannte Philosoph»*. Berlin 1995, S. 115 - 123.

18 Rudolf Steiner: *Bausteine zu einer Erkenntnis des Mysteriums von Golgatha* (GA 175). Dornach 1961, S. 138 f.

19 Rudolf Steiner a.a.O, S. 152.

Rudolf Steiners Weg zur «Philosophie der Freiheit»

Mit dem Namen Rudolf Steiner (1861 – 1925) verbindet man die Tatsache, dass er der Begründer der anthroposophischen Weltanschauung und der daraus sich ergebenden praktischen Kulturimpulse ist. Seinem eigenen Verständnis nach ist Anthroposophie «ein Erkenntnisweg, der das Geistige im Menschenwesen zu dem Geistigen im Weltall» führen möchte. Dabei handelt es sich um den Einbezug der Erkenntnis des Übersinnlichen im Rahmen der anthroposophischen Erkenntnismethode. Man denkt heute in erster Linie an die erwähnten praktischen Resultate von Anthroposophie, wie sie beispielsweise auf den Feldern der Pädagogik, der Medizin, einer biologischen Landwirtschaft sowie in verschiedenen Bereichen des kulturellen und künstlerischen Lebens in Erscheinung getreten sind. Doch stellen *Erkenntnisbemühungen* die unverzichtbare Grundlage dessen dar, was unter Anthroposophie zu verstehen ist. Und auch wenn man im Schaffen Steiners ein philosophisches Frühwerk von einem um die Lebensmitte anhebenden anthroposophischen Spätwerk unterscheiden kann, so bezeichnet doch die Erkenntnisproblematik lebenslang das Zentrum der Anthroposophie in ihrer Gesamtheit, wobei die Betonung auf «Erweiterung» liegt. Gemeint ist eine Erweiterung zum Übersinnlichen hin, unter deutlicher Abkehr von jener Erkenntnishaltung, wie sie – unter Berufung auf den von Steiner kritisch betrachteten Kant – insbesondere von Denkern vor der Jahrhundertwende, d. h. vor 1900, vertreten worden ist. Eine herausfordernde Signalwirkung stellte in diesem Zusammenhang jene Rede des Naturwissenschaftlers Emil Du Bois-Reymond (1815 – 1896) von 1872 dar, die auf den Tenor «Ignoramus-ignorabimus» (wir wissen nicht, wir werden niemals wissen) gestimmt war. Und eben um die Widerlegung dieser These ging es Steiner. Dem darin sich aussprechenden Erkenntnispessimismus suchte er einen entschiedenen Erkenntnisoptimismus entgegen zu setzen. Er war bestrebt, nachzuweisen, und forderte andere auf, durch meditative Anleitungen selbst zu erproben, dass der Mensch durch eine disziplinierte Seelenarbeit eine geradezu «unbegrenzte Steigerung von Seelenfähigkeiten» («Rätsel der Philosophie», 1914) erlangen könne.

Nun sind diese in der Hauptsache das Thema der Freiheit anvisierende Fragen aufs engste mit Steiners Biographie und mit seinem philosophischen Werdegang verknüpft, so dass es Sinn macht, von seinem «Weg» zu sprechen, auf dem sich die Freiheitsthematik kontinuierlich entfaltet hat. Sie markiert die Mitte seiner Bemühungen und stellt ein leitendes Prinzip dar, das – wie noch zu zeigen sein wird – im Konkreten umgesetzt wird bzw. werden soll. Im Keimzustand lässt sich diese Tendenz zum philosophischen Erfassen der Freiheit bereits in seinem Frühwerk aufspüren. Dazu gehört u. a. die Schrift «Grundlinien einer Erkenntnistheorie der Goetheschen Weltanschauung» (1886), abgefasst im Zusammenhang seiner Edition der naturwissenschaftlichen Schriften Goethes, einer Auftragsarbeit, mit der schon der Wiener Student der Naturwissenschaften 1884 begann. Sein Bestreben ging dahin, die dabei zu gewinnenden Einsichten in angemessener Weise dem Kulturleben einzufügen: «Man muss sich immer vor Augen halten», so sagte er sich, «dass es sich nie darum handeln kann, erst künstlich ein geistiges Bedürfnis zu erzeugen, sondern allein darum, das bestehende aufzusuchen und ihm Befriedigung zu gewähren. Nicht das Aufwerfen von Fragen ist die Aufgabe der Wissenschaft, sondern das sorgfältige Beobachten derselben, wenn sie von der Menschennatur und der jeweiligen Kulturstufe gestellt werden, und ihre Beantwortung.» Wie früh der werdende Denker das ihn Bewegende thematisiert hat, entnimmt man einer beiläufig scheinenden brieflichen Äußerung des erst Zwanzigjährigen (Juli 1881), dass er hoffe, in Kürze die nötige Ruhe zu finden, um seine «liebe Freiheitsphilosophie zu Papier zu bringen». Er hatte also offenbar schon zuvor Freunden von seinem Vorhaben erzählt. Zur Entwicklung der Idee der Freiheit sollte es aber erst im Laufe des darauf folgenden Jahrzehnts kommen.

In «Grundlinien einer Erkenntnistheorie der Goetheschen Weltanschauung» wie auch aus anderen Abhandlungen jener Zeit wird deutlich, wie stark der Autor jener Jahre der idealistischen Philosophie, insbesondere derjenigen Fichtes, verpflichtet war. Doch im Unterschied zu den noch der christlichen Tradition mit ihrer Offenbarungslehre verpflichteten Denkern war Steiner klar, dass hier eine deutliche Kehre zu vollziehen war. Er wollte einsichtig machen, dass die von ihm in den Blick gefasste Freiheit sich von den bisherigen normgebenden Instanzen verabschieden müsse. Deshalb heißt es in dem erwähnten Buch: «Nicht indem der Mensch irgendwelchen Geboten des Weltenlenkers nachforscht, handelt er nach dessen Absichten, sondern indem er nach eigenen Einsichten handelt.» Dabei kann im Moment außer Acht bleiben, ob die Existenz eines solchen «Weltenlenkers» anerkannt wird. «Er, Gott, den eine abgelebte Menschheit in den Wolken wähnte, (wohnt) in unserem Herzen, in unserem Geiste. Er hat sich in voller Selbstentäußerung ganz in die Menschheit ausgegossen. Er hat für sich nichts zu wollen übrig behalten, denn er will ein Geschlecht, das *frei* über sich selbst waltet. Er ist in der Welt aufgegangen ... Es gibt einen Gott in der Geschichte nicht; er hat aufgehört zu sein um der *Freiheit* des Menschen willen, um der Göttlichkeit der Welt willen ...»(«Natur und unsere Ideale», 1886).

Viel wichtiger als die Gottesfrage ist somit das Innewerden des Auf-sich-Gestelltseins in Fragen der Erkenntnis und der daraus sich ergebenden Handlungen. «Wenn daher ein sittliches Ideal zustande kommt, so ist es die innere Kraft, die im Inhalt desselben liegt, die unser Handeln lenkt. Nicht weil uns ein Ideal als Gesetz gegeben ist, handeln wir nach demselben, sondern weil das Ideal vermöge seines Inhalts in uns tätig ist, uns leitet.» Der Antrieb zum Handeln kann somit nicht im Zeichen eines traditionellen «Du sollst» oder «Du sollst nicht» stehen. Damit ist unmissverständlich zum Ausdruck gebracht, wovon sich Steiner absetzt. Es fehlt nicht an weiteren Zeugnissen aus seiner Frühzeit, die das belegen, zum Teil noch unterstreichen. Ob man dies eine atheistische Position des jungen Steiner nennt oder nicht, steht auf einem anderen Blatt. Groß ist jedenfalls seine Skepsis, die er allem Kirchentum und dem Christentum als solchem entgegengebracht hat.

Biographisch gesehen änderte sich dann zwar Steiners Tätigkeitsfeld; zwischen 1890 und 1897 war er als ständiger freier Mitarbeiter am Goethe- und Schiller-Archiv in Weimar beschäftigt und mit Arbeiten an einem Part der naturwissenschaftlichen Texte innerhalb der Sophienausgabe der Werke Goethes beauftragt. Gleichzeitig nahmen Vorarbeiten zur «Philosophie der Freiheit» Konturen an. Mit einer Studie über «Die Grundfrage der Erkenntnistheorie mit besonderer Rücksicht auf Fichtes Wissenschaftslehre. Prolegomena zur Verständigung des philosophierenden Bewusstseins mit sich selbst» zum Dr. phil. an der Universität Rostock promoviert, ging Steiner daran, diese Ausführungen erweitert in der Schrift «Wahrheit und Wissenschaft» (1892) niederzulegen, und zwar mit dem bezeichnenden Untertitel: «Vorspiel einer Philosophie der Freiheit».

Bemerkenswert ist, wie sich der Verfasser auch gegen die herrschende neukantianische Philosophie abgrenzt. Er sagt bereits in seiner Vorrede, die Philosophie der Gegenwart leide an einem «ungesunden Kant-Glauben». Seine Studie solle einen Beitrag zu dessen Überwindung darstellen. Er unternimmt es daher, den Beweis zu führen, dass es einzig und allein das Denken sei, das «zur Erklärung und Ergründung der Welt» herangezogen werden müsse. Außerhalb dieser Welt liegende Prinzipien, Normen oder Verhaltensmaßregeln werden kategorisch abgewiesen. Was Kant anlangt, so habe er wohl die «dogmatische Philosophie» widerlegt, jedoch nichts anderes an deren Stelle gesetzt.

Angemerkt sei, dass Steiner derlei Einschätzungen in der von ihm vorgelegten Dissertationsschrift wohlweislich unterließ. Auch eine diesbezügliche Abrechnung mit den von ihm geschätzten Denkern wie Fichte, Schelling und Hegel erfolgt: «Das Verhängnis dieser Denker war, dass sie Erkenntnisse der höchsten Wahrheiten suchten, ohne für solches Beginnen durch eine Untersuchung der Natur selbst Grund gelegt zu haben.» Steiners eigene Untersuchungen streben indes dahin, die Wahrheit nicht etwa als ideelle Abspiegelung eines Realen anzusehen. Seine Absicht geht vielmehr dahin, den Menschen als ein selbsttätiges «*freies* Erzeugnis des Menschengeistes» zu erweisen. Es gelte, die höchste Tätigkeit des Menschen, nämlich sein geistiges Schaffen, organisch dem allgemeinen Weltgeschehen einzugliedern. Der Grund dafür liegt in der «Erhöhung des Daseinswertes der menschlichen Persönlichkeit» als «Endziel aller Wissenschaft».

Während Steiner in seinen Wiener Jahren und bei der Herausgabe der naturwissenschaftlichen Schriften Goethes begonnen hatte, dessen Weltanschauung in ihrem philosophischen Gehalt zu erfassen und sich selbst daran zu orientieren, legt er nunmehr Wert auf die Feststellung, dass er eine Ableitung von Goethe ebenfalls nicht nötig habe. In diesem Stadium seiner Gedankenentwicklung lokalisiert er seine eigene Erkenntnistheorie sowohl jenseits eines «einseitigen Empirismus» als auch eines «einseitigen Rationalismus», um beide schließlich «auf einer höheren Stufe» miteinander zu vereinigen. Für seine Weiterarbeit lässt er sich durch den Gedanken leiten, mit dem er «Wahrheit und Wissenschaft» schließt: «Das wichtigste Problem alles menschlichen Denkens ist das: den Menschen als auf sich selbst gegründete, *freie Persönlichkeit* zu begreifen.»

Um schließlich zur Abfassung der «Philosophie der Freiheit», seiner philosophischen Hauptschrift, zu gelangen, hatte er augenscheinlich einen langen Denkweg zurückzulegen, auf dem es ohne gelegentliche Abgrenzungen gegenüber früheren eigenen Positionen und ohne Neuakzentuierungen nicht abging. Im Spätherbst 1893 lagen die ersten Druckexemplare vor; Erscheinungstermin war 1894. Immer bestrebt, den Erwartungen des aufgeschlossenen Publikums zu entsprechen, wie sie in den Tagen u. a. von Ernst Haeckels «Welträtsel» bestanden – Steiner war damals ein begeisterter Monist und Haeckelianer – versieht er sein Buch mit dem Untertitel «Seelische Beobachtungsresultate nach naturwissenschaftlicher Methode». Er tut es in dem Bewusstsein, «Grundzüge einer modernen Weltanschauung» niedergelegt zu haben.

Einem an einen Wiener Kollegen gerichteten Brief vom 15. November 1893 entnehmen wir, dass er mit dieser Kennzeichnung seiner Bestrebungen «in denkbar schärfsten Gegensatz zu Eduard von Hartmann (1842 – 1906)» treten wollte, der seine zuvor erschienene «Philosophie des Unbewussten» mit dem Untertitel «Spekulative Resultate nach induktiv-naturwissenschaftlicher Methode» versehen hatte. Dies ist deshalb aufschlussreich, weil Steiner mit Hartmann über mehrere Jahre hinweg in einem intensiven Gedankenaustausch gestanden und seine Schrift «Wahrheit und Wissenschaft» ihm mit dem Ausdruck hoher Wertschätzung gewidmet hatte. Diese Wechselseitigkeit dauerte auch noch einige Zeit fort. E. von Hartmann revanchierte sich kollegial, indem er die neue Steinersche Schrift («Philosophie der Freiheit») mit ausführlichen Kommentaren sowie mit gelegentlichen Korrekturen versah, die Steiner in sein Arbeitsexemplar Wort für Wort übertrug, um sie bei Neuauflage – so geschehen 1918 – einzuarbeiten. Diese Fassung (mit Hartmanns Beiträgen!) liegt denn auch allen weiteren Editionen der «Philosophie der Freiheit» im Rahmen der heutigen Rudolf Steiner Gesamtausgabe zugrunde.

Seine Ausgangsfrage lautet: «Ist der Mensch in seinem Denken und Handeln ein geistig *freies* Wesen oder steht er unter dem Zwang einer rein naturgesetzlichen ehernen Notwendigkeit?»

Des weiteren ist Steiner bestrebt, aus der von ihm vertretenen Position einer monistischen (d. h. einheitlich-ganzheitlichen) naturwissenschaftlich ausgerichteten Betrachtungsweise zu denken. Dass er einerseits Nietzsche, andererseits Max Stirner (1806 – 1856, «Der Einzige und sein Eigentum») nahe gekommen ist, ja dass er Stirners ausgeprägten Individualismus «in vollkommener Übereinstimmung» gut heißt, wissen wir aus einem Brief vom 5. Dezember 1894 an dessen Biographen John Henry Mackay. Auch das will im Kontext mit bedacht sein.

Der erkenntnistheoretisch angelegte 1.Teil der Freiheitsphilosophie trägt die Überschrift «Wissenschaft der Freiheit». Anders als dem von ihm wiederholt herangezogenen Johann Gottlieb Fichte, der versuchte, «das ganze

Weltgebäude aus dem ‹Ich› abzuleiten», musste es Steiner darum gehen, dieses «großartige Gedankenbild der Welt» zu überschreiten, weil es «ohne allen Erfahrungsinhalt» ist. «Wir müssen an einen Punkt kommen, wo wir uns sagen können: Hier sind wir nicht mehr bloß ‹Ich›, hier liegt etwas, was mehr als ‹Ich› ist.» Das menschliche Suchen komme erst auf einen festen Grund, «wenn ich ein Objekt finde, bei dem ich den Sinn seines Daseins aus ihm selbst schöpfen kann». Dieses Objekt ist der Denkende selbst, das Denken als solches. Doch um diesem Denken den erforderlichen Erfahrungsbezug zu geben, bezieht Steiner, der ja als Naturwissenschaftler angetreten ist, die zu beobachtende Objektwelt mit ein. Diese ist aber in der Wahrnehmung als solche nur bruchstückhaft gegeben. Es bedarf einer menschlichen Eigenleistung, die allein das auf die jeweiligen Gegenstände gerichtete Denken zu liefern vermag. Mit anderen Worten:

Erst wenn der Beobachtung ein Denken vorausgeht, das dem Beobachteten die Begriffe bereit stellt, kann Wirklichkeitserkenntnis gelingen: «Der Begriff kann nicht aus der Beobachtung gewonnen werden … Die Begriffe werden zu der Beobachtung hinzugefügt.» Das Denken als solches fordere zur Beobachtung auf. So sind demnach «Beobachtung und Denken die beiden Ausgangspunkte für alles geistige Streben des Menschen, insoferne er sich eines solchen bewusst ist.» Dies sicher zu stellen – so ergibt sich aus dem Fortgang der Steinerschen Reflexion –, ist eine unverzichtbare Erkenntnisvoraussetzung, um ein freiheitliches Handeln zu gewährleisten.

Was den weiteren Denkweg Steiners im Rahmen seines anthroposophischen Spätwerks (d. h. nach 1900) anlangt, in dem es in Erweiterung seiner philosophischen Gedankengänge um «Erkenntnisse höherer Welten» ging, so hat er in zahlreichen internen wie öffentlichen Vorträgen Hinweise auf seine «Philosophie der Freiheit» gegeben und Bezüge zu ihr hergestellt, nicht zuletzt um die innere Kontinuität zwischen seiner frühen Erkenntnisarbeit und jener zu erweisen, die durch meditative Schulung die «geistige Welt» in ihrer Vielgestaltigkeit schauend erkennt.

Des weiteren ist es interessant zu sehen, wie er in diesem Sinn den ersten erkenntnistheoretischen Teil seines Werkes rückblickend betrachtet. In seiner unmittelbar vor seinem Tod (1925) abgefassten Autobiographie «Mein Lebensgang» heißt es hierzu unter der veränderten Situation: «Ich suchte in meinem Buch darzulegen, dass nicht hinter der Sinneswelt ein Unbekanntes liegt, sondern in ihr die geistige Welt ... Wenn zu den Sinneswahrnehmungen die Ideen hinzuerlebt werden, dann wird die Sinneswelt in ihrer objektiven Wesenhaftigkeit von dem Bewusstsein erlebt. Erkennen ist nicht ein Abbilden eines Wesenhaften, sondern ein Sich-hinein-Leben der Seele in dieses Wesenhafte.» Zeigen wollte demnach Steiner, «wie im subjektiv Erlebten das objektiv Geistige aufleuchtet und wahrer Bewusstseinsinhalt wird». In dieser Weise sind auch die Nachträge gehalten, die der Autor in seinen Zusätzen zur Ausgabe von 1918 markiert, wo es u. a. heißt: «Die geistige (gemeint ist die übersinnliche) Wahrnehmungswelt kann dem Menschen, sobald er sie erlebt, nichts Fremdes sein, weil er im intuitiven Denken (auch ‹reines› Denken genannt) schon ein Erlebnis hat, das rein geistigen Charakter trägt ... Die ‹Philosophie der Freiheit› ist die philosophische Grundlegung für diese (späteren anthroposophischen) Schriften. Denn in diesem Buch wird versucht, zu zeigen, dass richtig verstandenes Denk-Erleben schon Geist-Erleben ist.» (Einfügungen: G.W.)

Der auf die Ethik bezogene 2.Teil der «Philosophie der Freiheit» ist mit «Die Wirklichkeit der Freiheit» überschrieben und wendet sich erwartungsgemäß den Konsequenzen für ein sittliches Leben zu, die aus dem Gesagten zu ziehen sind. Wie schon angedeutet, ist Steiners als «Monismus» bezeichnete, auf das Ich gestützte Ausgangsposition eine betont individualistische. So wie sich das Ich als spezifisches Charakteristikum des Menschen denkend selbst realisiert, so kommt dem Individuum eine Qualität zu, die ihn über die Natur hinaushebt. In dem Kapitel über «Die Idee der Freiheit» ist das näher ausgeführt. Denn: «Das Individuelle in mir ist nicht mein Organismus mit seinen Trieben und Gefühlen, sondern das ist die einige Ideenwelt, die in diesem Organismus aufleuchtet. Meine Triebe, Instinkte, Leidenschaften begründen nichts weiter in mir, als dass ich zur allgemeinen Gattung Mensch gehöre; der Umstand, dass sich ein Ideelles in diesen Trieben, Leidenschaften und Gefühlen auf eine besondere Art auslebt, begründet meine Individualität … Eine Handlung wird als eine freie empfunden, soweit deren Grund aus dem ideellen Teil meines individuellen Wesens hervorgeht, jeder andere Teil einer Handlung, gleichgültig, ob er aus dem Zwange der Natur oder aus der Nötigung einer sittlichen Norm vollzogen wird, wird als unfrei empfunden.» Von einer sittlichen Tat kann der Mensch daher sagen: Sie ist meine Tat; vermöge des freien Vollzugs bin ich der Akteur.

Von dieser Warte aus wird deutlich, dass alles von außen oder von «oben» Kommende, das an das moralische Verhalten bestimmte Ansprüche stellt, als dem individuellen Ich fremd empfunden und somit abgelehnt werden muss. Zwar schließt eine aus Freiheit vollzogene Handlung nicht etwa sittliche Gesetze aus. Aber das Prinzip einer von außen herangetragenen Norm, die dem Ich in seinem innersten Kern widerspricht, wird verneint. Steiner hatte die sogenannte Pflichtethik schon immer wieder infrage gestellt und widerspricht ihr auch hier aufs schärfste. Schon «der bloße Pflichtbegriff schließt die Freiheit aus, weil er das Individuelle nicht anerkennen will, sondern Unterwerfung des letztern unter eine allgemeine Norm fordert. Die Freiheit des Handelns ist nur denkbar vom Standpunkt des ethischen Individualismus aus.» Freiheit konstituiert das Menschsein des Menschen.

Das gilt naturgemäß auch im Verhältnis zum Mitmenschen. Die Beziehung zum anderen ist erst dann selbstbestimmt, wenn sie das Ich des anderen achtet. Das heißt: «Leben in der Liebe zum Handeln und Lebenlassen im Verständnis des fremden Wollens ist die Grundmaxime der freien Menschen. Sie kennen kein anderes Sollen als dasjenige, mit dem sich ihr Wollen in intuitiven Einklang versetzt; wie sie in einem besonderen Fall wollen werden, das wird ihnen ihr Ideenvermögen sagen.» Frei sein heißt für Steiner, dass der Mensch die seinem Handeln zugrundeliegenden Beweggründe durch die «moralische Phantasie», d. h. durch die aus seiner Individualität oder Geistgestalt heraus geschöpften Kraft, von sich aus bestimmt. «Freiheit ist unmöglich, wenn etwas außer mir (mechanischer Prozess oder nur erschlossener außerweltlicher Gott) meine moralischen Vorstellungen bestimmt. Ich bin also nur dann frei, wenn ich selbst diese Vorstellungen produziere.»

Die «Philosophie der Freiheit» von 1894 trägt, wie nicht anders zu erwarten, die Signatur ihrer Zeit, sowie die von Steiners innerer Entwicklung. Aber Steiner behauptet später, er sei schon immer der gewesen, als der er sich in der christlich orientierten Anthroposophie präsentierte. Entsprechende Äußerungen finden sich im dritten seiner Vorträge über «Die Philosophie des Thomas von Aquino» (1920). Da liest man beispielsweise: «Indem das Erkennen selber ein Wirklichkeitsprozess ist, stellt sich das ethische, das moralische Handeln als ein Ausfluss desjenigen dar, was in diesem Werden in einem realen Prozess das Individuum erlebt: durch die moralische Phantasie als Intuition. Und es entsteht das, was im zweiten Teil meiner ‹Philosophie der Freiheit› nicht ausgesprochen ist: eine Antwort auf den *Christus-Impuls im Menschen*.» Dort habe er es das «reine Denken» genannt.

Wie lässt sich das damit vereinbaren, dass der Autor der Freiheitsschrift als Verteidiger von Ernst Haeckels Monismus und Nietzsches *Antichrist* offenbar in einem entschieden gegen das Christentum gerichteten Individualismus befangen war? Da hieß es u. a. provokativ: «Wir wollen Kämpfer sein für *unser* Evangelium, auf dass im kommenden Jahrhundert ein neues Geschlecht erstehe, das zu leben weiß, befriedigt, heiter und stolz, ohne Christentum, ohne Ausblick auf das Jenseits ...» Der Widerspruch löst sich, wenn man ein äußeres, dogmatisches Christentum und Gottesbild von einem inneren Christentum und Christus unterscheidet. In der Zeit der «Philosophie der Freiheit» wandte sich Steiner betont gegen das äußere Christentum, das den Menschen durch Dogmen und Normen von außen lenken will. Aber schon damals war ihm das «reine» Denken, der Gott *im* Menschen, das wichtigste Anliegen, und er erkannte später, dass eben diese «reine Denken» identisch mit dem Christus im Menschen, mit einem inneren Christentum, ist.

Was eine etwaige Wirkung der Freiheitsphilosophie anlangt, so hat Steiner dafür gesorgt, dass eine Reihe von zum Teil ausführlichen Rezensionen erfolgt ist. Doch unterblieb eine allgemeine fortdauernde Rezeption. Die philosophische Zunft beachtete das Steinersche Philosophieren nicht. Eine um so größere Bedeutung hat seine «Philosophie der Freiheit» in der internen anthroposophischen Arbeit erlangt, insofern die Texte des philosophischen Frühwerks den Charakter von Übungsbüchern annehmen, zumal, so die Auffassung, das darin entfaltete Denken einen unverzichtbaren Ansatzpunkt für den anthroposophischen Erkenntnisweg darstelle.

Das Sophien-Erlebnis bei Jakob Böhme

Philosophus teutonicus» betitelte der Arzt Balthasar Walther seinen Freund, den Görlitzer Schuster Jakob Böhme. Gemeinhin übersetzt man diese Bezeichnung mit «deutscher Philosoph». Doch es liegt auf der Hand, dass damit kein Philosoph im heutigen Sinn gemeint sein kann, im Sinne einer Philosophie, die mit der gesamten westlichen Geistesentwicklung allein im Zeichen des Logos steht. «Das männliche Element war allgegenwärtig und dominant im westlichen Leben und Denken – bei Männern ebenso wie bei Frauen. Es hat die elementaren Vorstellungen vom Wesen und der Rolle des Menschen in der Welt geprägt und sich auf jeden Aspekt der Existenz ausgewirkt» (Richard Tarnas, S. 554). Definiert wird der Mensch demzufolge ganz vom Mann her. Man denke nur an die Logos-geprägten Wissenschaften, angefangen von der männlich dominierten Theologie über Kosmologie und Anthropologie bis hin zu den vielen Disziplinen, die eine ebensolche Logos-Signatur tragen.

Was nun Böhme betrifft, so meint «Philosophus teutonicus» eher einen «Freund und Liebhaber der Weisheit».

Es meint einen Theo-Sophen, der seiner deutschen Muttersprache, der deutschen Bibelsprache folgt. Seine Sache konnte es jedenfalls nicht sein, sich in «logischen» Denkbahnen der Humanisten und Akademiker zu bewegen, bei denen der Logos, der schöpferische Geist, häufig auf eine bloße «Logik» reduziert ist. Er bewegte sich sowohl in der Welt des Logos, des schöpferischen, «männlichen» Geistes, als auch in der sie ergänzenden Sphäre der «weiblichen» Sophia, der «Gefährtin» des Geistes. Der Beziehung Böhmes zu diesem weiblichen Aspekt der Gottheit soll hier nachgegangen werden.

Die Frage nach der göttlichen Sophia (hebräisch Chochma), von Böhme auch «Jungfrau Sophia» oder einfach «die Jungfrau» genannt, ist tief eingebettet in die jüdisch-christliche Tradition. Das gilt für ihn und sein Erleben im besonderen. Es gilt vor allem auch insofern, als er sein Initiations- oder Erleuchtungserlebnis vom Jahre 1600 mit einer fundamentalen Begebenheit aus dem Buch Genesis in Beziehung setzt und seine Existenz als Theo-Soph im Licht dieser Begebenheit gesehen hat. Gemeint ist der Kampf Jakobs mit dem Engel (Genesis 32). Durch diesen Kampf wird Jakob zum Stammvater seines Volkes und erhält den Namen «Israel», das ist: Gottesstreiter. Erst später setzte Böhme dies Erleuchtungserlebnis auch mit der Gottesweisheit, der Sophia, in Beziehung. Dieses Prinzip basiert in erster Linie auf jenem 8. Kapitel der «Sprüche Salomonis». Es kann als die klassische Stelle für die Sophienüberlieferung bezeichnet werden.

Nach der Luther-Bibel, die die einzige maßgebliche literarische Grundlage des Görlitzer Meisters war, heißt es von der Gottesweisheit (8, 22 – 35):

«Der Herr hat mich gehabt im Anfang seiner Wege,
ehe er etwas schuf, was da ist.
Ich bin eingesetzt von Ewigkeit, vor der Erde.
Da die Tiefen noch nicht waren, war ich schon geboren;
da die Brunnen noch nicht mit Wasser quollen.
Ehe denn die Berge eingesenkt waren, vor den Hügeln,
war ich geboren.
Da er die Erde noch nicht gemacht hatte, noch die Berge
des Erdbodens.
Da er die Himmel bereitete, war ich daselbst,
da er die Tiefe mit seinem Ziel fasste …
Da war ich der Werkmeister bei ihm,
und hatte meine Lust täglich, und spielte vor ihm
allezeit,
und spielte auf seinem Erdboden
und meine Lust war bei den Menschenkindern …
Wer mich findet, findet das Leben,
und wird Wohlgefallen vom Herrn erlangen.»

Am Anfang des Böhmeschen Werkes, das sich in seiner literarischen Gestalt über einige tausend Druckseiten erstreckt, steht also keine bloße Theorie, keine Lehre, sondern ein Erlebnis. Und auch dieses Erleben lässt sich nicht als eine einzige Begebenheit datieren, etwa auf die Vision des 25jährigen Görlitzer Schuhmachermeisters, die er erst zwölf Jahre später in Worte fassen und niederschreiben konnte, nämlich in seiner «Aurora oder Morgenröte im Aufgang» (Kap. 19).

Nach diesem berühmten Erstlingswerk, das infolge des Einspruchs des Görlitzer Pfarrers Gregor Richter Fragment geblieben ist, mussten weitere sieben Jahre vergehen, ehe ein nächstes Buch folgte. Einige Freunde ermutigten Böhme zur Niederschrift seines zweiten Buches «Von drei Prinzipien göttlichen Wesens» (1619). Und in ihm spricht er deutlicher von seinem Erleben mit der Jungfrau Sophia. Wir haben es demnach mit einem spirituellen Wachstumsprozess zu tun.

Böhme hat sich tatsächlich selbst als Theosophen begriffen, als einen, der von der «göttlichen Weisheit» gelehrt und unterwiesen worden sei. Darin besteht seine «göttliche Wissenschaft», deutlich unterschieden von einer menschlichen Vernunfterkenntnis! Mit Nachdruck betont er mehrfach, dass er das in der Schau Empfangene niemals selbst hätte erdenken können. Auch die Vermutung, er habe Anleihen bei anderen gemacht, lehnt er kategorisch ab:

«Ich nehme mein Schreiben und Buch nicht von andern Meistern. Und ob ich gleich viel Exempel und Zeugnisse der Heiligen Gottes darin (auf-)führe, so ist mir doch solches alles von Gott in meinen Sinn geschrieben, dass ichs ganz unzweifelhaft glaube, erkenne und sehe, nicht im Fleisch, sondern im Geiste, im Trieb und Wallen Gottes» («Aurora» 3, 48).

Und später in einer seiner «Schutzschriften gegen Tilke»:

«Gott hat mir das Wissen gegeben: nicht ich, der ich der Ich bin, weiß es, sondern Gott weiß es in mir. Die Weisheit ist seine Braut, und die Kinder Christi sind in Christus, in der Weisheit, auch Gottes Braut ... Sollte ich denn nun nicht im Geiste Christi wissen, woraus die Welt geschaffen, so derselbe in mir wohnt, der sie geschaffen hat?» (»Tilke II", 72 f).

Es waren Erkenntnisprobleme, mit denen der Görlitzer

Schuster schon als junger Mann rang: die Frage nach Herkunft und Ursprung des Bösen, die Dialektik von Licht und Finsternis, die Gegensatzstruktur der Wirklichkeit. Man ist auf das erwähnte 19. Kapitel der Aurora verwiesen, um sich eine Vorstellung von seinem Ringen bilden zu können, das zu einem Durchbruchserlebnis geführt und ihn in der Tiefe seines Wesen ergriffen hat.

Daraus einige Sätze:

«Als sich aber in solcher Trübsal mein Geist ... ernstlich in Gott erhob, wie mit einem großen Sturme, und mein ganzes Herz und Gemüt, samt allen anderen Gedanken und Willen sich alles darein schloss, ohne nachzulassen, mit der Liebe und Barmherzigkeit Gottes zu ringen, und nicht nachzulassen, er segnete mich denn, das ist: er erleuchtete mich denn mit seinem heiligen Geiste ... – so brach der Geist durch.»

Hier haben wir einen deutlichen, ja wortwörtlichen Bezug zum Ringkampf des Jakob-Israel mit dem Engel, wo Jakob eben diese Worte spricht: «Ich lasse dich nicht, du segnest mich denn.» Diese Segnung, die Böhme für sich als Erleuchtung versteht, ist da wie dort erfolgt, einerseits für den biblischen Jakob an der Furt des Jabbok-Flusses; andererseits dem Görlitzer Jakob daheim in seiner Schusterstube. Und nicht nur *diese* Parallelität besteht, denn im Genesisbericht heißt es: «Da rang ein Mann (Engel) mit ihm, *bis an die Morgenröte ... die Morgenröte bricht an.*» Damit sieht Böhme den Titel seines ersten Buches vorgegeben, nämlich «Morgenröte im Aufgang», später «Aurora» genannt. Deutlich genug ist damit ausgedrückt, dass sich der Görlitzer Jakob mit dem biblischen Jakob und mit seinem Gotteserlebnis geradezu identifiziert. Diese innere Korrespondenz zwischen dem biblischen Bericht und dem Schriftwerk des Görlitzer Theosophen will bedacht sein, wann immer Böhme im Bewusstsein seiner inneren Beauftragung und spirituellen Ermächtigung spricht! Das heißt doch auch: Im Licht dieses biblischen Berichts will Jakob Böhme seine mystische Erfahrung gedeutet wissen, zumal er sich auf die bezeichnete Weise mit Jakob-Israel identifiziert hat. Seinen ersten Sohn, der um diese Zeit seiner Erleuchtung geboren wird, nennt er übrigens ebenfalls «Jakob»!

Dieser Durchbruch, den der Berichterstatter in der «Aurora» als einen «Ansturm auf die Pforten der Hölle» bezeichnet hat, bei dem es um Leben und Tod geht, ändert mit einem Mal die innere Situation des jahrelang zutiefst Beunruhigten. Und so fährt er fort, man kann sagen: atemlos und als einer, der noch unter dem unmittelbaren Eindruck dieses Erlebens steht, das er mit zitternden Händen beschreibt, wiewohl es doch unbeschreiblich ist. So können seine Worte auf uns wirken, obwohl zwischen dem Erlebnis des 25jährigen und der Aufzeichnung des etwa 37jährigen volle zwölf Jahre liegen! Wir können im Moment offen lassen, was der Grund dieser Verzögerung gewesen sein mag. – Nun fährt er fort:

«Alsobald nach etlichen harten Stürmen ist mein Geist durch der Höllen Pforten durchgebrochen und allda mit Liebe umfangen worden, wie ein Bräutigam seine liebe Braut umfängt. Was das aber für ein Triumphieren im Geiste gewesen, kann ich nicht schreiben oder reden. Es lässt sich auch mit nichts vergleichen als nur dem, wo mitten im Tode das Leben geboren wird, und vergleicht sich der Auferstehung von den Toten.»

Außerordentliche Vergleiche! – Von der Begegnung mit der göttlichen Sophia ist bis dahin noch nicht die Rede, jedenfalls bleibt ihr Name ungenannt. Wohl ist sie wesenhaft präsent. Aber Böhme bedurfte so etwas wie einer zweiten Geistesbegegnung, um ihre Bedeutsamkeit voll ins Bewusstsein heben zu können. Und wenn er in seinem Text einige Male von *Geburt*, von *Hochzeit* und *Tod* sprach – von der «Geburt der Gottheit», auch von dem Geborenwerden im Angesicht des Todes, so lässt sich gut begreifen, dass er auch die Geburt seines Sohnes Jakob damit in Beziehung setzte. Ihm, diesem sensiblen Mann, war es gegeben, den symbolischen Gehalt alltäglicher und doch je einmaliger, einzigartiger Erfahrung zu erfassen und zu durchschauen. So ist die relative Gleichzeitigkeit (Synchronizität) der Geburt des kleinen Jakob und das Von-neuem-Geborenwerden des Vaters Böhme kein Zufall. Im menschlich-irdischen Phänomen leuchtet ein geistig-leibliches Urphänomen auf. Darin ist Böhme so etwas wie ein Vorläufer Goethes, dem im Phänomen sogleich auch das Urphänomen präsent wird.

Im übrigen kommt auch die Bildsprache der Mystik zu Gehör, wenn Böhme sein Erleben mit einem Liebesakt vergleicht: «Wie ein Bräutigam seine liebe Braut umfängt», und zwar als ein Ereignis, das für ihn vor dem Horizont von *Tod und Auferstehung von den Toten* in Kraft tritt. In dieser Sphäre haben wir uns denn auch seine Begegnung mit der göttlichen Sophia zu denken. Hochzeit und Tod, Tod und *Heilige Hochzeit* sind eng aufeinander bezogen. Dafür hält die Mysteriengeschichte der Menschheit viele Beispiele bereit. «Zur Hochzeit ruft der Tod», heißt es bei Novalis, der in der letzten Zeit seines so kurzen Lebens – durch Ludwig Tieck angeregt – sich in die «Aurora» vertieft hat.

Somit unterliegt es keinem Zweifel: Wer das 19. Kapitel der «Aurora» auf sich wirken lässt, der steht vor dem eigentlichen Lebensgeheimnis des Görlitzer Meisters. Hier lässt er uns in verborgene Tiefen seines Wesens blicken. Dieser Blick nach innen, diese Introspektion, sollte aber niemanden zu der Annahme verleiten, der mystische und theosophische Denker Jakob Böhme beschränke sich allein auf diese innere Dimension der Wirklichkeit. Er selbst nennt sie exakt die «Tiefe». Und schließlich ist für ihn die Tiefe des Seins der «Ungrund». Das heißt doch: Selbst die Metapher der Tiefe muss «genichtet», sie muss aufgegeben und transzendiert werden, um nur ja keine räumlichen Vorstellungen aufkommen zu lassen. Deshalb nicht etwa «Ur-Grund», sondern «Un-Grund». Das ist das eine.

Zum anderen ist Böhme – ähnlich wie nach ihm Goethe – durch und durch ein anschauender Denker. Auch seine Religiosität lässt sich nicht einsperren, weder in die Enge seiner Görlitzer Schusterstube noch in die dogmatisch-konfessionalistische Enge der lutherischen Theologie seiner Zeit. Das machte ihn, das fromme Gemeindeglied, ja gerade verdächtig, so dass sein eigener Gemeindepfarrer und Seelsorger in ihm einen gefährlichen Ketzer – etwa gnostischer Prägung – vermutete, der in aller Öffentlichkeit gebrandmarkt werden musste. Böhme wurde ja buchstäblich als Ketzer «abgekanzelt»! Als Beleg, wie stark sein Sinn für das Konkrete ausgeprägt war, steht bereits am Anfang seiner «Morgenröte», des Böhmeschen Schauens und Denkens, der programmatische Satz:

«So man aber will von Gott reden, was Gott sei, so muss

man fleißig erwägen die Kräfte in der Natur, dazu die ganze Schöpfung, Himmel und Erde, sowohl Sterne und Elemente und die Kreaturen, so aus denselben sind hergekommen.»

Charakteristisch für die Reichweite des Böhmeschen Geistes ist sodann die Tatsache, dass sein Reden von Gott stets auch das Gegensätzliche, das Widergöttliche, Teuflische als zur Ganzheit der Schöpfung gehörig einbezieht. Stark muss den schlichten Schuster die kabbalistische Ganzheitsbetrachtung, insbesondere das durch Licht und Dunkel, Gut und Böse, Männlich und Weiblich geprägte Gottesbild der jüdischen Mystik ergriffen haben.

Doch bleiben wir zunächst bei jenen Elementen und Kreaturen. Da wird deutlich, wie sehr der Autor der «Aurora» ins Konkrete verliebt ist. Er tritt der Sophia, der Gottesweisheit, in der ganzen Schöpfung gegenüber. Auf diese Weise wird der anschauende Denker zu einem *Philo-Sophen* , eben zu einem Liebhaber der göttlichen Sophia, die sich in der gesamten Schöpfung wahrnehmen und erleben lässt. Um es mit seinen Worten ganz schlicht zu sagen: Im 11. Kapitel der «Aurora» heißt es einmal: «Siehe, du blinder Mensch, ich will dirs zeigen, geh auf eine Wiese!»

Und nochmals und immer wieder: «Du wirst kein Buch finden, da du die göttliche Weisheit – die Sophia – könntest mehr inne finden zu forschen, als wenn du auf eine blühende Wiese gehst; da wirst du die wunderbare Kraft Gottes riechen und schmecken, wiewohl es nur ein Gleichnis ist; und die göttliche Kraft ist im dritten Prinzipio materialisch geworden, und Gott hat sich im Gleichnis offenbart. Aber dem Suchenden ists ein lieber Lehrmeister. Er findet viel allda» («Drei Prinzipien» 8,12).

Das heißt doch: Derselbe, dessen Ungrund niemals theologisch oder denkerisch, auch nicht visionär auszuloten ist, derselbe Gott lässt sich paradoxerweise dennoch finden, sehen, schmecken, mit allen Sinnen wahrnehmen. Daher ist es keine begrifflich abgezirkelte Gedankensprache, die Böhme benutzt. Hegel, der den Schuster so hoch geschätzt hat, dass er ihm in seiner Philosophiegeschichte ein Kapitel widmete; Hegel also war nicht der einzige, den diese Nichtbegrifflichkeit bei Böhme gestört hat. Keine Frage, der «Philosophus teutonicus» war eben alles andere als ein Philosoph im heutigen Sinn. Er spricht eine durch Erfahrung und Anschauung gesättigte Bildersprache, «denn Gott hat sich im Gleichnis offenbart», betont er.

Auch unser heutiges vergleichsweise engbrüstiges, kurzatmiges Reden von «Umwelt» könnte bei Jakob Böhme die erforderliche Korrektur, eine Erweiterung und Vertiefung erfahren, zumal bei ihm die physisch-materielle Dimension stets von der spirituellen durchdrungen ist. Böhme meint ja nicht nur Um-Welt, er meint Welt in ihrer Unermesslichkeit, und zwar einschließlich der unverzichtbaren Gegensätzlichkeit. Mit Recht hebt, das Dialektische betonend, der Marxist Ernst Bloch hervor: «Dergleichen ward seid Heraklit nicht mehr gehört!» Mit anderen Worten: Das macht aus dem Philosophen und Theosophen Jakob Böhme einen *Pansophen*, das heißt: einen, der «aufs Ganze» geht und anderen den Weg zur Ganzwerdung zeigen möchte, und zwar indem er uns das Auge für die Gottesweisheit im Kosmos in ihrer Vieldimensionalität öffnet. – Damit bewegen wir uns bereits im Bezirk der Sophia als einer Wirklichkeit, die einerseits eine *kos-*

mische Perspektive eröffnet, andererseits ein tieferes Verstehen unseres Menschseins erschließen will. Nennen wirs den *anthropologischen* Aspekt.

Zunächst noch zum kosmischen Sophien-Aspekt:

In seinem zweiten Buch, den «Drei Prinzipien göttlichen Wesens» (De tribus principiis), thematisiert Böhme die Sophia sehr viel deutlicher als im ersten, und nennt sie auch mit Namen. Man schreibt das Jahr 1619; der Dreißigjährige Krieg ist ausgebrochen. Seit der Abfassung der «Morgenröte im Aufgang» sind sieben Jahre vergangen, die für den Autor überaus spannungsreich waren: Er erlebte die Einziehung dieses umfangreichen, aber noch Fragment gebliebenen Buches «Morgenröte im Aufgang», das er niemals mehr zu Gesicht bekommen hat; die Abkanzelung durch seinen Seelsorger, den Görlitzer Oberpfarrer Gregorius Richter; die öffentliche Verketzerung. Aber bei allem brannte in ihm ein inneres Feuer, der spirituelle Schaffensprozess in ihm ging weiter. Kundige Freunde drängten ihn, sich über das kirchlich verordnete Schreibverbot hinwegzusetzen. Aber wie soll sich da ein kleiner, schulisch ungebildeter Handwerker verhalten, der von klein auf gelernt hat, der Obrigkeit, nicht am wenigsten der kirchlichen Obrigkeit, zu gehorchen? – Andererseits sind ihm inzwischen mancherlei Schriften in die Hand gekommen oder er hat gehört, was etwa ein Paracelsus oder auch der Zschopauer Theologe Valentin Weigel, ein Lutheraner eigener Prägung, zu Papier gebracht haben. Daneben machte er Bekanntschaft mit mystisch-alchymistischen Texten, vermengt mit kabbalistischen Aussagen. Doch das für Böhme Entscheidende war zweifellos, dass sich ihm mittlerweile das Bild der göttlichen

Sophia deutlicher als bisher enthüllt hatte. Und jene Kernaussage in Bezug auf die Sophia, die ein Licht auf den Charakter seiner Autorschaft wirft und zweifellos die eigentliche Quelle seiner Pansophie bezeichnet, lässt ahnen, was in ihm vorgegangen ist:

«Die Jungfrau hat uns eine Rose verehrt, von der wollen wir schreiben mit solchen Worten, wie wir sie im Wunder sehen, und anders können wir nicht. Oder es ist unsre Feder zerbrochen und die Rose von uns genommen, und wir sind, wie wir vor der Zeit waren. Da doch die Rose im Zentrum des Paradieses steht, in der Jungfrau Hand, welche sie uns darreichte im selben Orte, da sie in den Toren der Tiefe zu uns kam und uns ihre Liebe anbot; da wir lagen am Berge gegen Mitternacht im Streit und Sturm vor Babel, und welche unser irdischer Mensch nie gesehen und erkannt hat. Darum schreiben wir aus einer andern Schule, darinnen der irdische Leib mit seinen Sinnen nie studiert hat, auch das ABC nie gelernt. Denn in der Jungfrau Rose lernten wir das ABC» (Drei Prinzipien 18, 62 f).

Zu der visionären Begegnung mit der «Jungfrau Sophia» tritt auch die erwähnte literarische Überlieferung, mit der sich Böhme im Laufe der Jahre, insbesondere nach dem Aurora-Erlebnis, bekannt gemacht hat. Auf diese Weise gelingt es ihm, sein individuelles Schauen mit der spirituellen Tradition in Verbindung zu bringen. Er bediente sich eben nicht allein der Bibelsprache Martin Luthers, sondern auch der Terminologie der Paracelsisten, deren es einige in Görlitz gab. Böhmes Freund, der weitgereiste Arzt Balthasar Walther, verkehrte in solchen Kreisen. Es liegt ohnehin in der Natur spiritueller Wahrnehmung und individueller Erkenntnis, dass man das innen Empfangene mit ähnlich motivierten Gehalten aus Mythos und Religion anreichert, um Unsagbares auch für andere aussagbar zu machen und weitergeben zu können. Zweifellos ist Böhme in diesem Zusammenhang an die nachbiblische Sophientradition herangeführt worden, wie sie bei Paracelsus, Weigel und in der Kabbala und Alchymie gelebt hat, auch wenn hierfür genauere Quellenangaben nicht gemacht werden können. Im Übrigen hat er das aus der Literatur zu schöpfende Wissen für sich deutlich relativiert. In seinem Buch von den «Drei Prinzipien» (10,1) führt er darüber Klage:

«Vieler Meister Schriften habe ich durchsucht, verhoffend, die Perlen zu finden vom Grund des Menschen; habe aber nicht finden können, darnach meine Seele lüsterte ... Mit allen (Meinungen anderer) ist meine Seele gar unruhig in mir geworden – bis ich den Worten Christi nachgefahren, der da spricht: Ihr müsst von neuem geboren werden, wollt ihr das Reich Gottes sehen.»

Dieses Jesus-Wort aus dem Nachtgespräch mit dem Schriftgelehrten Nikodemus (Joh. 3) gehört ebenfalls zu dem Kernbestand biblischer Belege, auf die sich Böhme immer wieder beruft. Daraus wird deutlich, dass für ihn Sophia als Gottesweisheit keinesfalls ein bloßes Wissen verkörpert. Sophia hat für ihn vielmehr mit einem Wandlungsgeschehen zu tun – später sagt er: mit einem Prozess, den er durchlaufen habe und den wir alle einmal durchlaufen müssen!

Er fand nach eigenem Verständnis durch diese Wesenswandlung den Zugang zur Gottesweisheit, die über die ganze Schöpfung ausgebreitet ist, so dass die Kreaturen in ihrer Vielgestaltigkeit den sichtbaren Niederschlag dieser

Weisheit darstellen. Die Sophia ist demnach geradezu Abglanz und Spiegel der Weisheit Gottes. Das macht ihren kosmogonischen Aspekt aus.

Hierfür einige Belege: Als «anschauender Denker» sagt sich Böhme, Gott habe eigentlich gar kein Gleichnis gehabt, wie etwa ein Künstler ein Modell braucht, um schöpferisch tätig zu sein – als nur eine solche Weisheit. Wörtlich heißt es dann:

«Das ist seine Lust gewesen ... Also ist diese Jungfrau der Weisheit ein Spiegel der Gottheit, darin der Geist Gottes sich selbst sieht ... In ihr hat der Geist Gottes die Formungen der Kreaturen erblickt, denn sie ist das Ausgesprochene, was Gott der Vater aus dem Wort der Gottheit mit dem Heiligen Geist ausspricht. Sie steht vor der Gottheit als sein Glast oder Spiegel» («Menschwerdung I», 1,12).

An anderer Stelle nennt er die Sophia «ein Ebenbild der Dreizahl» – «eine Blume des Gewächses aus dem Geist Gottes»; denn «sie ist des Geistes Wesenheit (oder Sichtbarkeit), welche der Geist Gottes an sich führt, als ein Kleid, mit welchem er sich offenbart, sonst würde seine Gestalt nicht erkannt, denn sie ist des Geistes Leiblichkeit» («Dreifaches Leben» 5,50).

Das heißt doch: Gotteserkenntnis ist eigentlich erst durch die innere Begegnung mit der himmlischen Sophia möglich. Und dazu bedarf es einer Neugeburt, einer Geburt von oben (ánothen). Dazu bedarf es eines Wandlungsprozesses, den Böhme in Gestalt seiner meditativen Schriften («Christosophia») beschreibt, nämlich als einen Weg zu Christus. Der «Weg zu Christus» ist übrigens das einzige Büchlein, das noch zu seinen Lebzeiten im Druck erschienen ist. Weiter heißt es von der im Kosmos ausgebreiteten Sophia: «Sie ist die Mutter aller Wesen, die Kraft, die die heilige Erde macht.» Jedenfalls dürfe man sie sich «nicht als ein körperlich greifliches Wesen» vorstellen. Daher ausdrücklich: «Wenn ich rede von der Jungfrau der Weisheit Gottes, so verstehe ich nicht ein Ding … sondern ich verstehe die ganze Tiefe der Gottheit ohne Ende und Zahl» («Dreifaches Leben» 5,56). In ihr als dem «Spiegel der Gottheit … liegen die Wunder, die Farben und Tugenden» («Tilke II», 67) und damit aller geschaffenen Wesen.

Hier zeigt sich, wie wichtig Böhme die Dreigestalt allen Seins ist: Der aus dem Ungrund, aus dem Jenseits von Licht und Finsternis hervortretende dreieinige Gott manifestiert sich immer wieder so, dass drei Prinzipien in Erscheinung treten. Denn – so heißt es in der «Aurora» einmal:

«Alles Ding in dieser Welt ist nach dem Gleichnis dieser Dreiheit geworden.»

Wo bleibt aber die kosmische Sophia, wenn die Dreiheit Gottes bereits die Grundlage für Böhmes trinitarisches Denken ist? Deuten seine Ausführungen nicht eher auf eine *Quaternität*, eine Viergestalt hin? Tatsächlich fügt er einmal der Dreifaltigkeit Gottes in seiner Beschreibung die Sophia so hinzu, dass man für einen Moment den Eindruck gewinnen könnte, als nehme sie im innergöttlichen Bereich die Stelle einer vierten Wesenheit ein. Sie ist ja für ihn aus der Gottheit hervorgegangen als «die Lust, als das Gefundene des ewigen Nichts, da sich der Vater, Sohn und Geist innen sieht und findet» («Gnadenwahl» 1,6). Sollte der Görlitzer Seher – drei Jahrhunderte vor C.G. Jung – an eine solche göttliche Quaternität gedacht oder sie sogar verkündet haben? – In der Tat wurde Böhme von seinen theologischen Kritikern, zuerst von seinem entschiedenen Gegner Gregor Richter, dieser Vorwurf gemacht. Der offensichtlich dogmengeschichtlich gebildete Theologe bezichtigte ihn, gnostische Irrlehren aufleben zu lassen, für einen Lutheraner eine völlig undiskutable Ketzerei!

Nun war Böhme, wie wir wissen, alles andere als ein Meister philosophischer Begriffskunst. Aber er ließ es trotz seiner nicht selten schwierigen Ausdrucksweise nicht an der nötigen Klarheit mangeln. So hielt er sich auch nicht zurück, als Liebhaber der Sophia ein förmliches Glaubensbekenntnis abzulegen, das er an seinen Görlitzer Widersacher richtete. Dort heißt es (Abschnitt 16):

«Ich bekenne einen ewigen Gott, der da ist das ewige, unanfängliche, einige, gute Wesen, das da außer aller Natur und Kreatur in sich selber wohnt und keines Ortes noch Raumes bedarf, auch keiner Messlichkeit, viel weniger einigem Begriff der Natur und Kreatur unterworfen ist ...» («Wider G. Richter» 16).

Aber Böhme wäre nicht der ganzheitliche Denker, als den wir ihn kennen, fügte er nicht sogleich hinzu, «dass dieses dreieinige Wesen auf einmal zugleich alle Dinge erfüllte, auch aller Dinge Grund und Anfang sei gewesen und noch sei, auch ewig bleibe ... dass die ewige Kraft, das göttliche Hauchen oder Sprechen, sei ausgeflossen und sichtbar geworden.» Damit zeigt sich, dass Sophia für Böhme keine vierte Person im Gottesbild war, sondern der «Spiegel der Gottheit, darin der Geist Gottes sich selbst sieht».

Hier ist es nun an der Zeit, auch von dem *menschlich-existentiellen* Aspekt der Sophia zu sprechen.

«Wer hat je den Ort der Weisheit gefunden? Wer ist zu ihren Schatzkammern vorgedrungen?», so fragt das apokryphe «Buch Baruch» (3,15). Die Antwort, die Böhme mit besonderer Aufmerksamkeit gelesen haben wird, lautet dort: «(Gott, der Allwissende) hat den Weg der Weisheit ganz erkundet und sie *Jakob*, seinem Diener, verliehen, Israel, seinem Liebling. Dann erschien sie auf der Erde und hielt sich bei den Menschen auf» (3,37 f). Das heißt: Menschen konnten ihr begegnen. Und eben diese Möglichkeit der Begegnung mit der göttlichen Sophia sollte für Böhme zu einer Erfahrungstatsache werden, für ihn, der sich – ganz im Sinne des Baruch-Buches – mit dem biblischen Jakob als Liebling der Sophia verstanden hat.

Für ihn als Lutheraner ist es sodann eine Gewissheit, dass die Sophia mit der irdischen Maria in Beziehung getreten sei. Er sagt: «Die heilige, himmlische, ewige Jungfrau Gottes hat sie – Maria – ergriffen» («Drei Prinzipien», 22, 41). Doch ihrer natürlichen Geburt nach sei sie als Tochter des Joachim und der Anna keineswegs «rein und ohne Tadel» – also keine Stütze für das spätere Mariendogma von einer Immaculata im 19. Jahrhundert!

«Du sollst nicht denken» – so bemerkt er an dieser Stelle (22, 42 u. 44) –, «dass die heilige Gottheit die verderbte Menschheit eigentümlich ergriffen habe ... Wir können nicht sagen, dass die himmlische Jungfrau der Barmherzigkeit, als die sie in Maria eingegangen ist, aus Gottes Rat irdisch geworden ist; sondern wir sagen, dass die himmlische Jungfrau die Seele Mariae ergriffen hat ... als einen neuen, wiedergeborenen Menschen.» Es besteht für Böhme somit keine Identität zwischen beiden. Maria ist durch die Sophia ergriffen worden, um so zur Mutter Jesu zu werden. Demnach wäre es nicht statthaft, die Mutter Jesu als die irdische Verkörperung der himmlischen Sophia anzusehen. Böhme geht es jedenfalls nicht um eine Renaissance der Marienverehrung im Protestantismus, wohl aber um die sehr wörtlich zu verstehende *Re-naissance*, das heißt um die Wiedergeburt des Menschen, jedes Menschen, im Sinne von Joh. 3. Und eben dies ist das große Thema seiner Christo-Sophia: «Ihr müsst von neuem geboren werden!»

«Allhier hört der Gelehrte von der Schule dieser Welt auf, und muss der Schüler, aus Gott geboren, anfangen von dieser Geburt zu lehren (bzw. zu lernen)» (22, 37).

Diese Feststellung ist bei dem Philosophus teutonicus deshalb so wichtig, weil ihm aufgegangen ist: Wer erkenntnismäßig an die Dimension solcher Mysterien herankommen will, der muss einen Prozess der Wandlung durchlaufen. Die Begegnung mit der Sophia ist (menschenkundlich betrachtet) Ausdruck eines solchen Wandlungsgeschehens. Außerdem muss man sich klar machen: Der Görlitzer Meister will nicht nur aus der Fülle seiner Gesichte und Einsichten mitteilen. Er will darüber hinaus fragenden und suchenden Menschen Führung und Geleit auf dem inneren Weg anbieten. Belege dafür sind beispielhaft seine «Theosophischen Sendbriefe». Sie verdienen übrigens längst eine genauere Betrachtung! So ist Böhme beides: Er ist ein *Geisteslehrer*, indem er sein Erleben bezeugt, und er ist ein *Seelenführer*. Als Geisteslehrer macht er mit den für ihn wichtigen theosophisch-anthroposophischen Tatbeständen vertraut; als Seelenführer berät, ermutigt und ermahnt er die Gefährten auf dem Weg zu Christus. Hierin besteht das Wesen seiner «Christosophia».

Auf diesen anthropologischen Sophienaspekt wollen wir noch einen Blick werfen.

Am Anfang seines Buches von den «Drei Prinzipien göttlichen Wesens» bringt Böhme zum Ausdruck, wie wichtig ihm eine Antwort auf die Frage nach Herkunft, Sinn und Ziel des Menschen sei. Es ist die urgnostische Frage der Menschheit. Sie verbindet sich für ihn mit dem Wissen, dass der Mensch makellos und in engelhafter Vollkommenheit aus der Hand des Schöpfers hervorgangen ist. Zum andern erinnert er an den Fall des Lichtträgers Luzifer, der jene kosmische Katastrophe ausgelöst hat, in deren Folge die Menschheit aus ihrem lichten Urstand herausfiel. Man könnte es den kosmischen Sündenfall nennen, der außerhalb der menschlichen Verantwortung liegt. (Auch hier wäre übrigens an Vorstellungen der jüdischen Mystik zu denken …)

Nun ist aber der Mensch der ursprünglichen Gottebenbildlichkeit (imago dei) nicht völlig verlustig gegangen, doch sein Wesen verfinsterte sich. Trotzdem gibt es eine Hoffnung auf die Wiederbringung des Verlorenen, nämlich Christus, der «zweite Adam», wie Paulus im Römerbrief schreibt. Christus, dieser neue Adam, hat das in die Finsternis und Vergänglichkeit gestürzte Menschenbild erhoben, wiederhergestellt, erneuert. Daran sollen wir Anteil haben!

Nun steht im Mittelpunkt der menschenkundlichen Vorstellungen Böhmes ein Geheimnis. Es ist das Mysterium von der androgynen, das männliche und das weibliche Prinzip umfassenden Totalität. Es ist gewiss erstaunlich, dass der Görlitzer Schuster damit ein großes Thema der abendländischen Geistesgeschichte, das wir seit Platon kennen, von neuem zum Erklingen bringt. Danach ist der Mensch erst vollständig, wenn die Yin- und die Yang-Kräfte, wie sie in der chinesischen Philosophie heißen, miteinander harmonisch vereint sind. So versteht Platon den Eros als einen Geleiter und Rückführer in den Urstand des Menschen. Und Nikolaj Berdjajew hat gewiss recht, wenn er (in «Bestimmung des Menschen») sagt: «Der Mythus vom Androgynen ist der einzige große anthropologische Mythus, auf dem die anthropologische Metaphysik aufgebaut werden kann.» Oder um es mit Böhme schlicht zu formulieren:

«Adam war ein Mann und auch ein Weib ... Er hatte beide Tinkturen vom Feuer und vom Lichte in sich, in welcher Konjunktion die eigene Liebe als das jungfräuliche (d. h. ursprüngliche) Zentrum stand» («Mysterium Magnum» 18,2).

Wenn die biblische Schöpfungsgeschichte (Kap. 2) von dem Schlaf berichtet, der auf Adam fiel, so erblickt Böhme *darin* – also noch vor dem sogenannten Sündenfall! – die Ursache für den Verlust der männlich-weiblichen Ganzheit, der unsterblichen, wesenhaften Urgestalt des Menschlichen. In der Lichtwelt schlief Adam ein; darin sieht Böhme einen Bildausdruck für den spirituellen Lichtverlust sowie die gleichzeitig eingetretene Verfinsterung, die mit der irdischen Verkörperung zusammenhängt; in ihr wacht er als irdischer Mensch auf. Welch ein tragisches Erwachen, angesichts des Verlustes an ursprünglicher Wesenhaftigkeit! Erst auf dieser Ebene gibt es die Zweiheit der Geschlechter, das Gegenüber des irdischen Adam und der irdischen Eva. Beide sind einander bedürftig, ohne freilich einander letztlich *die* Er-Gänzung bieten zu können, nach der beide verlangen. Böhme schreibt («Dreifaches Leben» 9, 109), indem er deutlich macht, dass die Geschlechter-Zweiheit nicht das Eigentliche darstellt, sondern nur eine Folgeerscheinung ist:

«So sehnt sich nun die Natur nach dem Ewigen und wollte gerne der Eitelkeit ledig sein. Und also urständet das heftige Begehren in dem weiblichen und männlichen Geschlechte aller Kreaturen, dass sich eines nach dem andern sehnt, sich damit zu vermischen; denn der Leib versteht das nicht ..., allein die zwei Tinkturen, männliche und weibliche, verstehen das» («Dreifaches Leben» 9, 109).

Anders ausgedrückt: Was dem irdischen Adam letztlich fehlt, ist nicht allein die irdische Eva, sondern es fehlt *beiden* die himmlische Sophia. Und sie preist Böhme als «Gottes Gespielin» und «die Blume des Lichtes aus dem Herzen Gottes grünet in ihr» («Drei Prinzipien» 14,86). Ohne sie kann der Mensch letztlich nicht sein, weil sie die ihm fehlende Ganzheit und sein Heilsein gewährleistet. Indem Böhme diese Zusammenhänge immer wieder beschreibt und das innige Verbundensein des ursprünglichen Adam mit seiner Sophia preist, wird er gleichzeitig gewahr, dass sich das Gemeinte letztlich weder im Wort noch durch eine Schrift aussagen lässt. Ein Gleichnis sieht er in dem Verhältnis von Braut und Bräutigam. Dabei ist eine göttliche Kraft im Spiel, widergespiegelt durch die Sonne, das heißt bei Böhme: «Im höchsten Principio des Geistes dieser Welt, da die Tinktur am edelsten und hellsten ist» («Drei Prinzipien» 13, 9). Die Sophia selbst sei es, die sich danach sehnt, zu ihrem Bräutigam zurückzukehren und mit ihm in *Heiliger Hochzeit* verbunden zu werden.

Keine Frage, hier rührt Böhme an die tiefsten Mysterien der menschlichen Existenz, ausgedrückt durch den Archetypus der Heiligen Hochzeit als Zielbild der Selbst-Werdung. Und man gewinnt den Eindruck, dass der Schreiber des Drei-Prinzipien-Buches und auch der anderen sophianischen Texte im Innersten von seinem Thema wieder und wieder ergriffen ist. Von daher ist zu verstehen, warum er immer neue Symbolbezüge herstellt, wie sie ihm zunächst aus den Evangelien bekannt sind, Metaphern wie Perle, Krone, Hochzeit des Lammes. Andererseits sind ihm die Ausdrucksmittel der zeitgenössischen Alchymie bekannt, die auf «Coniunctio» und «chymische Hochzeit» hindeuten. Die berühmte «Chymische Hochzeit Christiani Rosenkreuz» aus dem Tübinger Kreis um Johann Valentin Andreae, Besold und Hess, die damals bereits in ersten Exemplaren kursierte, muss er gar nicht gekannt haben, als er in seinem Buch von den «Drei Prinzipien» (12,53) in der ihm eigenen Bildhaftigkeit schrieb:

«Also sollte auch die Seele still stehen, und der Jungfrau Gestalt sollte in der Seele regieren und die Seele krönen mit dem Lichte Gottes. Die Seele sollte sein der schöne Jüngling, der geschaffen war, und die Kraft Gottes; die schöne Jungfrau und das Licht Gottes die schöne Perle und Krone; damit wollte die Jungfrau den Jüngling schmücken.»

Auf diese Weise nähert sich Böhme dem Thema der Reintegration, der Wiedereingliederung der Sophia. Sein

Rat lautet: «Willst du nun wieder zur Jungfrau, so musst du wiedergeboren werden durch Wasser und Geist» («Drei Prinzipien» 12, 59). Gemeint ist die *metánoia*, die «Umkehr» des Evangeliums. Nur auf diesem Weg gibt es für Böhme einen Zugang zur Sophia; und das ist der Weg zu Christus, zur Christusnachfolge. Wir denken an das Leitwort des Novalis: «Christus und Sophie». Damit ist nochmals auf Böhmes mystisch-meditative Schriften zu verweisen: «Christosophia». Es sind jene kleinen Schriften, in denen der Autor entsprechende Hinweise gibt, wenn er rät, wie man die Stationen des Christus-Weges meditativ-betrachtend durchschreitet, denn:

«Willst du ihn (Christus) anziehen, so musst du durch seinen ganzen Prozess, von seiner Menschwerdung bis zu seiner Himmelfahrt gehen ... Denn die Jungfrau Sophia vermählt sich anders gar nicht mit der Seele» («Wahre Buße» I, 34).

Böhmes Christosophie ist jedenfalls kein bloßes Wissen, keine Theologie, sondern ein prüfungsreicher Einweihungsweg. Er nennt ihn einen «Prozess», den er selbst durchlaufen habe und deshalb aus Erfahrung heraus auch anderen nahelegen kann. Denn:

«Was hilft das der Seele, dass sie den Weg Gottes weiß, und den nicht gehen will ... Was hilft das der Seele, dass sie sich der Kindschaft Christi, seines Leidens und Todes tröstet und sich selber heuchelt (d. h. sich etwas vormacht), mag aber nicht in die kindliche Geburt eingehen, dass sie ... aus seinem Leiden, Tod und Auferstehung geboren werde» («Wiedergeburt» 5,9).

Auch mit allerlei kirchenkritischen Äußerungen spart Böhme nicht, zumal er sieht, welche Früchte der Veräußerlichung der kirchliche Betrieb mit sich bringt, nicht am wenigsten im Protestantismus, wo man bei aller Abkehr von der traditionellen Werkgerechtigkeit keine Tatkonsequenz aus der Gnade der Rechtfertigung zieht. Deshalb seine Verachtung der «Mauerkirche» der «Maulchristen»:

«Mancher geht 20 oder 30 Jahre in die Kirche, hört predigen und gebraucht Sakramente, lässt sich absolvieren und (bleibt) ein Tier des Teufels ... Was hilft mirs, dass ich in die Mauer-Kirche gehe und fülle meine Ohren mit leerem Odem? Oder gehe zum Abendmahl und speise nur den irdischen Mund ... Was hilfts, dass ein Tier allda zuhört, und kein Gehör zum inneren lebendigen Worte hat ... Der Heilige hat seine Kirche *in sich*, da er innen hört und lernt. Aber Babel hat den Steinhaufen ... Ein rechter Christ bringt seine heilige Kirche mit in die Gemeinde. Sein Herz ist die wahre Kirche, da man soll Gottesdienst pflegen ... *Habe ich Christum nicht in mir, so ists alles falsch und ein unnützer Tand ...*» («Wiedergeburt» 6, 4, 13, 14, 16).

Gerade im Blick auf die Wiederverbindung mit der einst verlorenen Sophia ist für Böhme das mystische In-Christus-Sein, wie es der Apostel Paulus bezeichnet hat, entscheidend. Denn Christus wurde Mensch, «auf dass ... die männliche und weibliche Eigenschaft wieder ganz in *ein* Bild gewandelt würde, wie Adam vor seiner Eva war, da er weder Mann noch Weib war» («Mysterium Magnum» 56, 20). So bedeutet die Menschwerdung Christi in dem Jesus von Nazareth die Wiederbringung der androgynen Einheit und Urgestalt. Sie ist gemeint, wenn Böhme in seinem Genesis-Kommentar («Mysterium Magnum» 19, 7) schreibt:

«Als Christus am Kreuze unser jungfräulich Bild wieder erlöste vom Manne und Weibe und mit seinem himmlischen Blute in göttlicher Liebe tingierte, als er dies vollbracht hatte, so sprach er: ‹Es ist vollbracht!› Groß und wunderbar sind diese Geheimnisse, welche die Welt nicht ergreifen mag.»

In Aussagen wie diesen gipfelt Böhmes Anthropo-Sophia, nämlich seine Weisheit vom Wesen des Menschen, der dem göttlichen Ursprung entstammt, durch den tragischen Fall in die materielle und damit sterbliche Existenz der Geschlechter-Zweiheit zerbrach und endlich durch Christus sein wahres Wesen wiedererlangt hat. Das nenne ich den anthropologischen Sophien-Aspekt, der im Zeichen einer neuen Geburt, einer Reintegration, steht. Zusammen mit dem eingangs besprochenen kosmologischen Aspekt lässt sich somit eine Vorstellung vom Sophien-Erlebnis des Görlitzer Meisters gewinnen.

Der Münchner Philosoph und Theosoph Franz von Baader, der als der bedeutendste Böhme-Schüler im 19. Jahrhundert genannt zu werden verdient, zieht den Schluss: «Wer mir einen Christen zeigt, der zeigt mir einen wenigstens in seiner Reintegration begriffenen Menschen; und wer mir einen in seiner Reintegration begriffenen Menschen zeigt, der zeigt mir einen Christen. Es ist besonders in unserer Zeit von der größten Wichtigkeit, *diesen* Begriff des Christentums als *integrierten Menschentums* in volles Licht zu setzen.» (zit.aus H. Grassl: Liebe, Ehe, Kunst, S. 166; F.von Baader: Werke 3, 287 – 310: Über den verderblichen Einfluss materialistischer Vorstellungen; 1834).

Literatur

Gerhard Wehr: *Christliche Mystiker. Von Paulus und Johannes bis Simone Weil und Dag Hammarskjöld*. Fr. Pustet Regensburg 2008.

Heilige Hochzeit. Symbol und Erfahrung menschlicher Reife. Edition Pleroma Frankfurt 2008.

Christian Rosenkreuz. Urbild und Mysterium der Rosenkreuzer. Edition Pleroma Frankfurt 2008.

Jakob Böhme: Inspiration und Wirkung. Marix Wiesbaden 2010.

Meister Eckhart – Texte und Kommentar. Marix Wiesbaden 2010.

Mechthild von Magdeburg: Das Fließende Licht der Gottheit. Marix Wiesbaden 2010.

«Nirgends, Geliebte, wird Welt sein als Innen.» Mystik im 20. Jahrhundert. Gütersloher 2011.

Wladimir Solowjew in der Begegnung mit der göttlichen Sophia

Die Auseinandersetzungen um ein neues Gottesbild haben in der heutigen Zeit ein Gefälle erreicht, das mit einem Erdrutsch zu vergleichen ist.» Diese Feststellung findet sich in dem vor einigen Jahren veröffentlichten Sophienbuch der Schriftstellerin Susanne Schaup, das sich mit dem Weiblichen in der Gottesvorstellung beschäftigt und das gleichzeitig Licht auf das Wesen des Menschen wirft[1]. Sophia, dieser Archetypus, dieses Urbild des Weiblichen im Gegenüber zu der seit Jahrtausenden dominierenden patriarchalisch reduzierten Gottesvorstellung, kann nur von Menschen bezeugt und in angemessener Weise nahegebracht werden, die aus eigenem inneren Erleben und aus einer erfahrunggesättigten Erkenntnis zu sprechen vermögen. Solche Zeugen hat es immer wieder gegeben, auch wenn sie in der Regel bei weitem nicht in dem Maße beachtet und gewürdigt worden sind, wie sie es verdient hätten.

Nun ist von einem Mann zu berichten, der als ebenso verlässlicher wie geistesgeschichtlich weithin wirksamer Zeuge angesehen werden kann: der russische Religions-

1 Susanne Schaup: *Sophia. Das Weibliche in Gott*. München 1994, S. 7.

philosoph Wladimir Solowjew (1853 – 1900)[2]. Doch ohne Jakob Böhme (1575 – 1624), den protestantischen Mystiker und Theosophen aus der Zeit des Dreißigjährigen Kriegs, lässt sich das Denken Solowjews in Bezug auf die göttliche Sophia nicht ausreichend würdigen. Deshalb zunächst einige Worte über Böhme und sein Verhältnis zur Sophia.

Böhme, der sehr stark in die russische Geisteswelt hinein gewirkt hat und heute dort aufs neue – wie auch in Polen – aufmerksam studiert wird, erlebte im Jahre 1600, also vor vierhundert Jahren, seinen spirituellen Durchbruch. In der Folge seiner geistigen Schau fand er auch Zugang zu der Wesenheit der göttlichen Sophia. So haben beide Männer, der lutherische und der russisch-orthodoxe Christ, je auf ihre Weise Einblicke und Einsichten erlangt, die für unser heutiges Verständnis von Mensch und Welt bedeutsam werden können. Schon am Eingang seiner berühmten Erstlingsschrift «Aurora oder Morgenröte im Aufgang»[3] verweist der von der richtungweisenden Begebenheit seines Lebens überraschte schlichte Görlitzer Schuhmacher Jakob Böhme auf Ursprung und Herkunft seiner geistigen Erkenntnis, wenn er schreibt:

«Gott hat mir das Wissen gegeben. Nicht ich, der ich der Ich bin, weiß es, sondern Gott weiß es in mir; die Weisheit – die göttliche Sophia – ist seine Braut. Und die Kinder Christi sind in Christus, in der Weisheit, auch Gottes Braut … Sollte ich denn nun nicht im Geist Christi wissen, wo-

2 Peter Normann Waage: *Der unsichtbare Kontinent. Wladimir Solowjow, der Denker Europas*. Stuttgart 1988.

3 Jakob Böhme: *Aurora oder Morgenröte im Aufgang*. Hrg. von Gerhard Wehr. Frankfurt 1992 (Insel Taschenbuch it 1411).

raus diese Welt sei geschaffen, so derselbe in mir wohnt, der sie geschaffen hat?»

Natürlich kannte der bibelkundige schlesische Handwerker alle jene Stellen aus dem Alten und aus dem Neuen Testament, wo von der Theo-Sophia, von der Gottesweisheit die Rede ist, sehr genau. An erster Stelle ist an jenen Abschnitt aus dem 8. Kapitel der «Sprüche Salomonis» zu erinnern, wo die Nähe und Partnerschaft der Weisheit an der Seite des Schöpfergottes bezeugt wird. Dort sagt sie von sich selbst:

«Der Herr hat mich schon gehabt im Anfang seiner Wege, ehe er etwas schuf, vom Anbeginn her.
Ich bin eingesetzt von Ewigkeit her, im Anfang, ehe die Erde war.
Als die Meere noch nicht waren, ward ich geboren, als die Quellen noch nicht waren, vor den Hügeln ward ich geboren,
als er die Erde noch nicht gemacht hatte noch die Fluren darauf noch die Schollen des Erdbodens.
Als er die Himmel bereitete, war ich da; als er den Kreis zog über den Fluten der Tiefe,
als er die Wolken droben mächtig machte, als er stark machte die Quellen der Tiefe,
als er dem Meere seine Grenzen setzte und den Wassern, dass sie nicht überschreiten seinen Befehl;
als er seine Grundfesten der Erde legte, da war ich als seine Geliebte, seine Werkmeisterin bei ihm;
ich war seine Lust täglich und spielte vor ihm allezeit.»

Es ist durchaus eine dichterisch-erotische Sprache, die uns die Verse des Hohenliedes in Erinnerung ruft, wenn die Bibel in ihrem hebräischen Grundtext von «Chochma», der Gottesweisheit, redet. So etwa auch im 8. Kapitel der zu den biblischen Apokryphen gehörenden «Weisheit Salomos». Da kommt diese geradezu sinnlich getönte Beziehung deutlich zum Ausdruck, die der Weisheitssucher der Sophia gegenüber bekundet:

«Diese Weisheit habe ich geliebt und gesucht von meiner Jugend an und danach getrachtet, sie mir zur Braut zu nehmen; und ich habe ihre Schönheit liebgewonnen.»

So könnte man fortfahren und in großer Zahl weitere biblische Belege für die Weisheitsliebe aneinander reihen.

Es ging Böhme nicht um herkömmliche theologische Reflexionen. Ihn, den von einer lebendigen An-Schauung geprägten Denker, beschäftigte nicht ein begrifflich-abstraktes Es. Sondern ihm ging es um ein konkretes, um ein der Beziehung fähiges Du, eben um die Begegnung mit der Sophia. Nach biblischem Vorbild hat er in der Weisheit die mitschaffende «Werkmeisterin Gottes» gesehen. Das ist der auf den Kosmos bezogene Sophien-Aspekt. Aber es gibt auch einen anthropologischen, das heißt auf den Menschen bezogenen Aspekt der Sophia, also eine sehr wörtlich zu verstehende Anthropo-Sophia. Denn Böhme hat andererseits gezeigt, wie diese Sophia als eine innere, zur Personganzheit gehörige geistige Gefährtin erlebt werden könne. Wie es ihm ergangen ist, sagt er uns, wenn wir nochmals seine «Aurora» aufschlagen. Im 19. Kapitel gewährt er einen ersten Einblick in sein Erkenntnisringen, als er niedergeschlagen und zutiefst beunruhigt über Grundfragen der menschlichen Existenz nachsinnt, aber zu keinem befriedigendem Schluss kommt. Da fasst er sich ein Herz und schreibt eines Tages nieder, was ihm in einem bestimmten Moment seines jahrelangen Suchens und Forschens widerfahren ist:

«Alsbald nach etlichen harten Stürmen ist mein Geist durch der Höllen Pforten durchgebrochen bis in die innerste Geburt der Gottheit und allda mit Liebe umfangen worden, wie ein Bräutigam seine liebe Braut umfängt. Was das aber für ein Triumphieren im Geiste gewesen, kann ich nicht schreiben oder reden. Es lässt sich auch mit nichts vergleichen als nur mit dem, wo mitten im Tode das Leben geboren wird, und vergleicht sich der Auferstehung von den Toten.»

Somit unterliegt es keinem Zweifel: Wer das 19. Kapitel der «Aurora» auf sich wirken lässt, der steht vor dem eigentlichen Lebensgeheimnis des Görlitzer Meisters. Hier lässt er uns in verborgene Tiefen seines Wesens blicken.

An der Spitze derer, die in der Ostkirche von Böhmes Theosophie und dessen Sophienlehre ergriffen worden sind, steht der russische Religionsphilosoph und Dichter Wladimir Solowjew. Er gilt als der bedeutendste Philosoph Russlands. Die Schriften und das Gedankengut Jakob Böhmes waren bereits im 17. Jahrhundert nach Russland gelangt. Im frühen 19. Jahrhundert wurden der Görlitzer Schuster als Lutheraner und seine internationale wie interkonfessionelle Schülerschaft zu einem bestimmenden Faktor im russischen Geistesleben. Zu dieser Schülerschaft gehören neben Schelling dessen zeitweiliger Freund, der Münchner Philosoph Franz von Baader, ein Universalist und Ökumeniker eigener Prägung. Auch der erst durch Matthias Claudius und einige andere Übersetzer in Deutschland bekannt gewordene französische Theosoph Louis Claude de Saint-Martin spielt hier eine Rolle. Rudolf Steiner schätzte ihn hoch ein und empfahl seine Werke[4]. Und was die Geistesart und Fernwirkung Böhmes anlangt, so ist diese umso erstaunlicher, als der Protestantismus als solcher Jahrhunderte lang weder der Maria noch der Sophia die gebührende Aufmerksamkeit geschenkt hat. Ein weiterer Gesichtspunkt ergibt sich aus der Tatsache von Böhmes Bedeutung für den Goetheanismus, worauf Steiner mehrfach aufmerksam gemacht hat[5].

Doch auch unabhängig von diesen Einflüssen prägte das Sophienbild, wie es in der russisch-orthodoxen Frömmigkeit in Erscheinung getreten ist, das religiöse Denken Solowjews. Da ist zunächst daran zu erinnern, welche zentrale Rolle die Sophia als Weisheit Gottes im östlichen Christentum spielt, angefangen bei dem imposanten Kuppelbau der «Hagia Sophia - der heiligen Weisheit» -, der einst in Konstantinopel erbaut wurde und der im heutigen Istanbul als muslimische Moschee dient - bis hin zu den ungezählten russischen Kirchen und Ikonen, die ebenfalls der Sophia gewidmet sind. Sie hat jedenfalls einen festen Platz in der Tradition der Ostkirche. Der von den Sowjets ermordete orthodoxe Naturwissenschaftler und Priester Pawel Florenski, selbst ein bedeutender Sophiologe, drückte dies einmal in einem Brief so aus:

4 Gerhard Wehr: *Louis Claude de Saint Martin - der unbekannte Philosoph.* Berlin 1995, S. 115 - 123.

5 Rudolf Steiner: Theosophie in Deutschland vor hundert Jahren, in: *Philosophie und Anthroposophie* (GA 34). Dornach 1965, S. 43 ff. - Vgl. Gerhard Wehr: Aspekte der Wirkung Jakob Böhmes, in: *Novalis* 11 / 12 2000, S. 29 ff.

«Was die Sophia angeht, möchte ich unmittelbar daran erinnern, dass wir durch Gottes Willen ganz sophianisch sind, einfach weil wir Orthodoxe sind. Der heilige Konstantin-Kirill, der Philosoph, der die russische Kirche geistig gebar, wählte sich im Traum als Siebenjähriger die königliche Sophia zur Freundin. Ihr sein ganzes Leben dienend, erfuhr er ihre Gnade und empfing von ihr seine Begabung. Die russische Orthodoxie ist in ihrem Wesen ein Geschenk der Sophia ... Die Ikone der Sophia ist die älteste russische Ikone und vielleicht die erste russische Ikonenschöpfung überhaupt.»[6]

Zurück zu Solowjew.

Gerühmt werden sein sprachliches Ausdrucksvermögen und ein reiches Gedankenleben, in dem sich feinsinnige Empfindsamkeit und elementare Denkkraft, kritische, an Immanuel Kant geschulte Verstandesschärfe und eine universale Zusammenschau zu einer Ganzheit verbinden. Aufsehen erregte unter seinen Zeitgenossen seine polyglotte Begabung. Er sprach nicht nur mehrere europäische und klassische Sprachen, sondern übersetzte Kant, übertrug Dantes Göttliche Komödie ins Russische und nahm eine Übertragung der Werke des von ihm hoch geschätzten Platon in Angriff.

Will man sein Schaffen vorweg auf einen knappen Nenner bringen, dann kann man sagen: Solowjew erstrebte die Verwirklichung einer freien, universalen und zugleich theokratisch ausgerichteten Ordnung sowie eine an Pla-

6 Pawel Florenski an Feodor Samarin am 1.8. 1912, in: *P. Florenski: Leben und Denken.* Hrg. von Fritz und Sieglinde Mierau. Ostfildern 1995, Band I, S. 231.

ton erinnernde Synopse des Wahren, Schönen und Guten. Es ging ihm um eine die Konfessionsgrenzen überschreitende Zusammenschau, die als eine Synthese von Religion, Kunst und Philosophie verstanden werden kann. Dieses integrative, auf Einheit und Einswerden gerichtete Prinzip wird bei ihm immer wieder sichtbar – kosmologisch betrachtet in der Gestalt der Sophia, anthropologisch vollzogen in der Liebe der Geschlechter[7].

Im Jahre 1853 als Sohn eines angesehenen Historikers in Moskau geboren, absolvierte er an der dortigen Universität seine philosophische Ausbildung. Der naturwissenschaftliche Materialismus, wie er in jenen Jahren insbesondere von Deutschland aus eingeströmt war, erschütterte seine überkommene Gläubigkeit. Er musste rückblickend bekennen: «Ich wurde zu einem eifernden Materialisten ... Ich habe nicht nur gezweifelt und meine früheren Glaubensüberzeugungen verworfen, sondern ich habe sie auch von ganzem Herzen gehasst, und die Erinnerung an die unsinnigsten Lästerungen, die ich damals in Worten und Werken vollbracht habe, liegt mir noch jetzt auf dem Gewissen.»

Er bedurfte somit einer grundlegenden Lebenswende, um zu seinem eigentlichen Lebensthema zu gelangen, nämlich zur Philo-Sophie, was wörtlich und im ursprünglichen Sinn des Wortes heißt: Er fand zur Liebe der Weisheit, zur Weisheitsliebe. An dieser Stelle könnte man nun die aufeinander folgenden Werdestufen und Strukturen seines philosophischen Denkens umreißen: Seinen Aus-

7 Wladimir Solwowjow: Philosophie der Liebe, in: *Deutsche Gesamtausgabe*, Bd. VII. Freiburg 1953.

gang vom Studium der Naturwissenschaften, seinen Übergang zur Philosophie Spinozas, Schellings, Schopenhauers und Eduard von Hartmanns, insbesondere der Mystik und Theosophie Jakob Böhmes, schließlich zu den Gedankenentwürfen der letzten Zeit seines kurzen, nur 47jährigen Lebens. Doch darüber vergäße man leicht, was im Zentrum seiner geistigen Biographie und seines Forschens liegt. Es ist letztlich die spirituelle Instanz der göttlichen Sophia, die er einerseits aus seiner eigenen orthodoxen Tradition, andererseits aus der Begegnung mit dem Schrifttum der Böhme-Schule und Böhmes selbst kennen lernte. Man würde jedoch der Mentalität Solowjews nicht gerecht, wenn man übersähe, welche bestimmende Bedeutung für sein Denken die spirituelle Eigenerfahrung erlangt hat. Denkerische Klarheit und eine innere, eine visionäre Kraft bestimmten sein Schaffen. –

Da ist Sergijew Posad, ein kleines Städtchen etwa siebzig Kilometer nordöstlich von Moskau gelegen, in dessen stattlicher Klosteranlage mit ihren großen Kathedralen heute die einstige Moskauer Geistliche Akademie beheimatet ist. Jahr um Jahr ist diese Lawra das Ziel ungezählter Pilger aus aller Welt, die einen inneren Anschluss an den hier pulsierenden Frömmigkeitsstrom suchen.

Es handelt sich um ein seit Jahrhunderten bestehendes spirituelles Zentrum, das auch der zwanzig-, einundzwanzigjährige Solowjew nach seinen Moskauer Studien aufgesucht hat, um sich für ein Jahr in dieser Sphäre der Gottesanbetung und der Meditation aufzuhalten. Hier muss er durch die berühmte, aus Nowgorod stammende Sophien-Ikone in der Mariä-Himmelfahrts-Kathedrale tiefgehende Eindrücke empfangen haben. Jedenfalls hat er als erster auf dieses Bildwerk aufmerksam gemacht. Er charakterisierte die in königlicher Kleidung thronende weibliche Figur, die sich sowohl von der «Gottesmutter» Maria als auch von Christus in eigentümlicher Weise unterscheidet. Auf die Frage nach der Wesensgestalt dieser Ikone hat er mit einer Gegenfrage erwidert:

«Wer anderes ist es, wenn nicht die wahrste, reinste und vollste Menschheit, die höchste und allumfassende Form und lebendige Seele der Natur und des Alls, ewig vereinigt mit der Gottheit und im zeitlichen Prozess sich mit ihr vereinigend und alles mit ihr vereinigend, was ist?»

Erfahrungsgemäß ist es nötig, dass man für bestimmte Einsichten und Erkenntnisse durch innere Wahrnehmungen erst sensibilisiert wird. So erlebte Solowjew die Sophiengestalt drei Mal als intensive Innenwahrnehmung, ehe er seine Eindrücke begrifflich formulieren konnte. In einem poetischen Lebensrückblick sagte er von ihr und zu ihr:

Du hast dich dreimal mir zu sehn gegeben.
Nicht mein Gedanke war's, der dich erschuf:
Nein, tiefste Wirklichkeit war dies Erleben:
Du kamst, vernehmend meines Herzens Ruf.

Das sind Verse aus dem berühmten Gedicht mit der Überschrift «Drei Begegnungen»[8]. Sie beginnen so:

Zum ersten Mal vor sechsunddreißig Jahren
– So weit zurück trägt die Erinnrung kaum! –
Bekam des Kindes Seele zu erfahren
Der Liebessehnsucht unruhvollen Traum.

8 Ders.: Drei Begegnungen, in: *Deutsche Gesamtausgabe, Ergänzungsband*. München 1977, S. 267 ff.

Dies die Formulierung des Fünfundvierzigjährigen, der einst als Kind in Moskau der in überirdischer, anmutiger Schönheit erscheinenden weiblichen Gestalt ansichtig wurde. Dann kam die erste Auslandsreise des jungen Privatdozenten, die ihn 1875 nach London führt. Im Lesesaal des Britischen Museums vertieft er sich in die Schätze der mystischen Literatur, in Dokumente der frühchristlichen Gnosis und der jüdischen Kabbala. Da geschieht es, dass er spontan der Nähe der Sophia gewiss wird. Er schaut sie, es ist das Antlitz einer unerreichbar-schönen weiblichen Gestalt, eine mystische Erfahrung erfüllt ihn. Und noch im selben Jahr wiederholt sich diese Impression, als er eine, man darf sagen: eigenartige Exkursion in die ägyptische Wüste unternimmt, um dort die innere Gefährtin seines geistlichen Lebens von neuem zu schauen:

> Ich sprach zu ihr: Ich habe dich gesehen,
> Doch nur dein Angesicht im Himmelsglanz.
> O ewge Freundin, lass dich nun erflehen,
> Und zeig dich mir, wie einst dem Kinde: – ganz.
> …
> Im Purpurglanz des Morgenhimmels blühte
> Ein Frühling auf, draus blicktest du mich an.
> Der helle Schein in deinen Augen glühte
> Wie einst das Licht am Tag, da Gott sein Werk begann.
> …
> Ich sah das All, und alles war nur Eines,
> War meiner ewgen Freundin holdes Bild,
> Und von dem Glanze dieses Himmelsscheines
> War alles um mich her und war mein Herz erfüllt.

Nun kann man zwar fragen, ob ein in Übersetzung dargebotenes Gedicht das innen Erlebte in adäquater Weise auszudrücken vermag. Fest steht aber, dass Solowjew mit der «ewgen Freundin» die Sophia meint, also eine spirituell faszinierende Gestalt, die zugleich das göttliche Gegenbild der Weltseele und der Natur in Gott manifestiert. Es handelt sich für ihn um die Einheit der Wirklichkeit, die durch Gott bewirkt wird. Sie verkörpert die Einheit des Ewig-Weiblichen.

Anhand zweier Texte lässt sich der philosophische – man könnte auch sagen: der sophianische – Niederschlag jener Visionen belegen. Da sind zuerst die berühmten «Zwölf Vorlesungen über das Gottmenschentum»[9], die der erst Fünfundzwanzigjährige vor einer großen Anzahl von Vertretern des kulturellen Lebens in Petersburg gehalten hat. Unter den Zuhörern befand sich beispielsweise auch Dostojewski, dessen Erzählung vom «Großinquisitor» mit großer Wahrscheinlichkeit unmittelbar auf Solowjews Gedankengänge zurückgeht. Diese Vorlesungen über das Gottmenschentum gipfeln geradezu in dem Christusbild, in dem beide Wesenheiten vereinigt erscheinen, nämlich der göttliche Logos und die Sophia. In der siebten und achten Vorlesung heißt es hierzu:

«Von der Sophia als dem wesenhaften Element der Gottheit zu sprechen, heißt vom christlichen Standpunkt aus nicht, neue Götter einzuführen. Den Sophiengedanken hat es im Christentum immer gegeben, mehr noch – es gab ihn bereits vor dem Christentum, im Alten Testament

9 Ders.: *Vorlesungen über das Gottmenschentum*, a.a.O. Bd.I, München 1978.

... Die Sophia ist die ideale, vollkommene, von Ewigkeit im durch und durch göttlichen Wesen oder in Christus angelegte Menschheit.»

Nun kann man fragen, wie der Mensch auf die ihm gemäße Weise Anteil an dieser geistig-geistlichen Realität der All-Einheit erlangen könne, um sich im Vollsinn des Wortes als Selbst zu verwirklichen. Es ist dies eine Frage, die Solowjew immer wieder in sich bewegt hat. Seine Antwort ergibt sich aus der Zusammenschau jener Sophienbegegnung mit Elementen der Seinslehre Platons, mit der Theosophie Böhmes und der wiederum durch Böhme angeregten erotischen Philosophie Baaders. Schlägt man Solowjews Schrift über «Das Lebensdrama Platons» auf, dann schildert er den Eros als das zwischen Gott und den Menschen vermittelnde Potenzial. Er nennt es ein «mächtiges, dämonisches und heroisches Wesen»:

«Sein Name ist Eros und sein Amt ist, die Brücke zu schlagen zwischen Himmel und Erde und zwischen diesen beiden und der Unterwelt. Eros ist nicht ein Gott, wohl aber der natürliche und oberste Priester der Gottheit, das heißt der Mittler – der Erbauer der Brücke ... Geht der Eros in das irdische Wesen ein, so wandelt er es mit einem Male um. Der Liebende fühlt in sich eine neue Kraft der Unendlichkeit. Er hat eine neue herrliche Gabe empfangen.»[10]

Der nach 1947 in München lehrende Soziologe Fedor Stepun hat seinen Landsmann als ein «ausgesprochen pontifikales (also brückenbauendes) Genie» bezeichnet.

10 Ders.: *Das Lebensdrama Platons*, a.a.O. Bd. VII, S. 316.

Es ist der von der göttlichen Sophia angerührte Denker, der schließlich dem «Sinn der Liebe» in einer Schrift mit demselben Titel nachspürte. Es sei uns aufgetragen, schreibt er, unsere Kräfte in den Dienst der Sophia, das heißt der göttlichen All-Weisheit zu stellen und angesichts des Widergöttlichen, Unmenschlichen in dieser Welt an der wahren, guten und schönen Ordnung der Dinge mitzuwirken. Solowjew spricht in diesem Zusammenhang bewusst und in Ermangelung eines treffenderen Wortes von «geschlechtlicher Liebe», jedoch um das *geistige* Verhältnis von zwei Liebenden verschiedenen Geschlechts zu bezeichnen. Gleichzeitig fasst er die Überwindung eines ichbesessenen Egoismus in den Blick:

«Der Sinn und die Würde der Liebe als eines Gefühls bestehen darin, dass sie uns zwingt, tatsächlich, mit unserem ganzen Wesen dem anderen jene unbedingte zentrale Bedeutung zuzuerkennen, die wir kraft des Egoismus nur in uns selbst empfinden. Die Liebe ist nicht als eines unserer Gefühle wichtig, sondern dadurch, dass sie unser ganzes Lebensinteresse aus uns in ein anderes verlegt ...»[11]

Darin drückt sich das unablässige Streben, das unablässige Sehnen nach Vollständigkeit und Ganzheit aus. Denn, ohne die Geschlechtlichkeit als Bedingung für die Arterhaltung abzuwerten, richtet sich Solowjews Blick auf die volle Menschwerdung des Menschen, die sich in der leibhaften Vereinigung von Mann und Frau letztlich nicht erfüllen kann. Dennoch gilt:

11 Ders.: *Philosophie der Liebe*, Bd. VII, S. 224.

«Die Aufgabe der Liebe ... besteht in der Vereinigung zweier gegebener begrenzter Persönlichkeiten, die aus ihnen eine absolute ideale Persönlichkeit schafft ... Der wahre Mensch in der Fülle seines Wesens kann offenbar nicht nur Mann oder nur Frau sein, er muss die höhere Einheit von beiden sein. Diese Einheit zu verwirklichen oder den wahren Menschen als freie Einheit des männlichen und weiblichen Prinzips zu schaffen, die beide ihr formales Sondersein bewahren, aber ihre wesenhafte Verschiedenheit und ihr Geschiedensein überwunden haben.»[12]

Niemand wird leugnen, welche Einwände und Rückfragen derartige Sätze – hundert Jahre nach Solowjew und vier Jahrhunderte nach Jakob Böhme – in der Gegenwart wachrufen. Immerhin ist soviel klar: Der Einzelne, jeder Einzelne wirkt als Liebender, als Mann wie als Frau, an einem Werk mit, das jeweils über den Einzelmenschen hinausweist. Nicht mitzuhassen, mitzulieben sind wir da! – Das einst aus dem Sowjetstaat emigrierte Münchner Philosophen-Ehepaar Leonid und Tatjana Sytenko gab dem in seinem jüngst erschienenen Solowjew-Buch[13] beredten Ausdruck:

«Der Sophia-Eros fordert von uns eine aktive Teilnahme an dem gott-menschlichen Prozess ... Und gemäß Franz von Baader sind die Menschen berufen, nach göttlichem Ratschluss zu denken, zu lieben und zu handeln. Dies betrifft auch die gesellschaftlichen Beziehungen ... Die

12 DERS.: A.a.O. S. 227.

13 LEONID UND TATJANA SYTENKO: *Wladimir Solowjow in der Kontinuität philosophischen Denkens*. Schaffhausen 1997.

Hauptsache ist, die religiöse Grundlage jeder Gesellschaft und ihrer Erscheinungen – angefangen mit der Aussöhnung der christlichen Konfessionen bis zu den wirtschaftlichen Funktionen (nicht zuletzt im verantwortlichen Umgang mit der Erde) – zu verwirklichen ... Es ist die ewige Philosophie, die wir heute brauchen.»[14]

14 Leonid und Tatjana Sytenko: A.a.O. S. 158 f.

Transkonfessionelles Christentum

Geistige Schau und Menschheitszukunft bei Alfons Rosenberg

Wer heute vom Weltchristentum spricht, der sieht sich einem nur schwer überschaubaren Konglomerat von Kirchen und religiösen Gemeinschaften verschiedenster Prägung gegenüber. Da ist es nicht immer leicht, das spezifisch Christliche auszumachen. Die über zwei Jahrtausende sich erstreckende Geschichte der Christenheit hat zur Bildung einer Vielzahl von Kirchentümern und Sondergemeinschaften bzw. Sekten geführt. Erfahrungsgemäß bestimmten die jeweils dominierenden Institutionen, allen voran die römisch-katholische Kirche, auch Protestantismus und Orthodoxie, wie die Minderheiten einzuschätzen seien, etwa ob ihnen ein gewisses Maß an dogmatischer Rechtgläubigkeit beizumessen sei, oder ob sie als Häretiker (Ketzer), als Schismatiker, d. h. als «getrennte Brüder und Schwestern» abqualifiziert werden müssten. Die Menschen diesseits und jenseits der offiziellen Pferche beginnen sich zwar über herkömmliche Normierungen hinwegzusetzen und in mehrfacher Hinsicht eine ökumenische Verbundenheit zu praktizieren. Aber die geistigen – nicht immer «geistlichen» – Führergestalten samt ihren

Leitungsgremien zeigen kaum Neigung, die real existierende Kirche Jesu Christi ernst zu nehmen, weil sie die jeweilige Amtskirche mit dem Christentum identifizieren.

Auf der anderen Seite ist nicht zu verkennen, wie groß das Bedürfnis ungezählter Christen und Christinnen ist, ungeachtet ihrer theologischen Uraltkonten, d. h. der ihrer eigenen Vergangenheit verpflichteten Institutionen, die Gemeinschaft im Geiste zu leben. Dafür sprechen allerlei «Zeichen der Zeit», die auf verschiedenen Ebenen sichtbar geworden sind, Zeichen, die auf Veränderung und auf eine grundlegende Wandlung hindeuten. Hierfür einige Gesichtspunkte:

Lange bevor die elektronischen Medien eine weltweite Vernetzung herbeigeführt und durchgesetzt hatten, begannen Menschen unterschiedlicher Religion und Weltanschauung in der rasch kleiner gewordenen Welt einander zu begegnen. Die Verselbstständigung im Glauben und Denken hat in einer Weise zugenommen, dass immer weniger Menschen sich durch die traditionellen Religionshüter gängeln lassen. Das trifft in einem besonderen Maße für die Frauen zu, die, soziologisch betrachtet, die wichtigste Basis der Kirche(n) verkörpern, denen aber in Katholizismus und Orthodoxie sowie in fundamentalistisch bestimmten Gemeinschaften immer noch die volle Kultusfähigkeit versagt ist.

Innere Erlebnisse, spirituelle Erfahrungen, zumindest ein Hunger nach einer ursprunghaften Religiosität und nach einem darauf gegründeten ganzheitlichen Leben lassen sich nicht länger verdrängen.

Das Bewusstsein, dass nicht nur in den Einzelnen ein Sinneswandel eingetreten ist, sondern dass sich eine Veränderung anbahnt, die an ein «neues Zeitalter» denken lässt, hat in der zweiten Hälfte des 20. Jahrhunderts eine ganze Generation ergriffen. Die bald sich ungestüm manifestierende, bald schwärmerisch auftretende Propaganda für ein «New Age» machte es den etablierten Institutionen und ihren Parteigängern leicht, die allzu Begeisterten als unseriös abzutun und als Vorboten eines realitätsfeindlichen Irrationalismus zu diffamieren[1]. Darüber wurde allzu rasch übersehen, dass die Christenheit mit der Vaterunser-Bitte «Dein Reich komme!» einst angetreten ist, um im Zeichen des Kommenden tätig zu werden und auf eine «neue Erde» und einen «neuen Himmel» zu warten, ihn herbeizusehnen. Die großen Reformationen und Revolutionen – d. h. die Umwälzungen, die «innen beginnen» – lebten von der Kraft der Sehnsucht nach dem kommenden Reich des heiligen Geistes, wie sie etwa im hohen Mittelalter Joachim von Fiore verkündete und nach ihm Ungezählte! Selbst säkulare Erscheinungsformen einer Reichserwartung, die sich dem «Prinzip Hoffnung» verpflichtet fühlten, träumten davon, sei es von einer Bruderschaft im Zeichen von Kreuz und Rose, sei es von einer klassenlosen Gesellschaft, sei es von einer Gesellschaft, in der Freiheit, Gleichheit und Brüderlichkeit bzw. Geschwisterlichkeit und Freundschaft ein Lebensrecht eingeräumt ist.[2] Man denke nur an den Traum der Aufhebung der Rassendiskriminierung von Martin Luther King: «I have a

1 Christoph Bochinger: *«New Age» und moderne Religion.* Gütersloh. 2.Aufl. 1995.

2 Gerhard Wehr: *Gnosis, Gral und Rosenkreuz. Esoterisches Christentum.* Köln 2007.

dream!» oder an die Einsicht in die Eigenwertigkeit alles Lebendigen, die Albert Schweitzer als «Ehrfurcht vor dem Leben» lebte und mit weltweiter Wirkung predigte.

«Experiment Christentum» – Alfons Rosenbergs Hinweise für die zukünftige Christenheit

Wer sich an der Wende zweier Jahrtausende nach vorausschauenden, wegweisenden und impulsgebenden Gestalten des geistig-religiösen Lebens umsieht, der rechnet in der Regel damit, dass ihm in erster Linie die Namen von Männern und Frauen genannt werden, die bereits im Bewusstsein vieler beheimatet sind. Etwa berühmte Theologen, religiös und karitativ Wirkende, Männer wie Frauen, die in Wort und Schrift eine große Ausstrahlungskraft bewiesen haben; eben Menschen, die «man» kennt, die im Gespräch sind und von denen man Richtungweisendes erwarten zu können meint.

Daneben gibt es auch andere, die zu ihren Lebzeiten nicht oder kaum ins Rampenlicht der öffentlichen Diskussion getreten sind, Menschen, die zwar ebenfalls ihre Stimme erhoben haben, denen es aber offensichtlich nicht gegeben war, die wohlwollende Aufmerksamkeit der gerade dominierenden Autoritäten in Theologie und Kirche auf sich zu ziehen. Als «religiöse Außenseiter» pflegt man – mit einiger Geringschätzung – solche Personen zu bezeichnen, auch wenn sie Erwägenswertes zu sagen hatten, was jedoch offensichtlich nicht dem allgemeinen «Trend» entsprach. Einer von ihnen ist Alfons Rosenberg: ein vielseitiger spiritueller Schriftsteller, ein Symbolkundiger, ein Ökumeniker des Geistes, ein mit dem Charisma der Zukunftsschau ausgestatteter weltoffener Christ. Auch wenn er als Vortragender und als Meditationslehrer nur eine relativ kleine Gemeinde von Freunden und Weggefährten um sich zu scharen vermochte, so hat er doch als Autor Ungezählten die Tiefendimension der Wirklichkeit erschlossen und für den jeweiligen Innenweg mancherlei praktische Anregungen vermittelt. Wer heute eines seiner Bücher zur Hand nimmt, der kann sich von der fortwirkenden Strahlkraft seiner Gedanken überzeugen. Allein schon dies rechtfertigt es, dass man sich in veränderter Zeitlage seines Schaffens erinnert und durch seine Gedanken anregen lässt.

Alfons Rosenberg, der einer begüterten jüdischen Kaufmannsfamilie entstammte, wurde 1902 in München geboren. Im 84. Lebensjahr stehend, verstarb der bis ins hohe Alter Tätige 1985 in Zürich[3]. Überaus bewegt und wechselvoll gestaltete sich seine Entwicklung, zunächst als Maler, als Tänzer, als Kunsthandwerker und Bauer, ehe er 1949 zum Schriftsteller in Bereichen der Geistes- und Religionsgeschichte wurde. Damit entging er der familiären Bestimmung, die Leitung der großen Schuhfirma seines früh verstorbenen Vaters zu übernehmen. Von sich selbst sagt der Autor:

«Erst nach der Mitte meiner bisherigen Lebenszeit wandte ich mich dem Schreiben zu. Bis dahin wirkte ich

3 Gerhard Wehr: *«Nirgends, Geliebte, wird Welt sein als innen». Mystik im 20. Jahrhundert*. Gütersloh 2011, S. 146 - 151.

als Malergraphiker aus der Schule von Paul Klee und Wassily Kandinsky. Die Brücke vom Malen zum Schreiben bildete für mich die Symbolforschung. Denn ich war Ende der zwanziger Jahre, nachdem der Expressionismus ausgeglüht war, auf das Urphänomen Symbol gestoßen, in dem ich das Sinnliche und das Geistige, das Äußere und das Innere vereint fand. Diese Entdeckung wurde sodann das Fundament meiner gesamten schriftstellerischen Arbeit: das Symbol als Zeichen der Viel-Einheit.»[4]

Politisch begeisterte er sich im München der frühen zwanziger Jahre für die Ideale der bayerischen Räterepublik. Früh zerstoben jedoch seine sozialistisch-utopischen Jugendträume. Sie hielten der Realität nicht stand. Der knapp Siebzehnjährige war am 21. Februar 1919 am Münchner Promenadeplatz Zeuge des Attentats auf den bayerischen Ministerpräsidenten Kurt Eisner geworden. Unter der Überschrift «Der Tod eines Volkstribuns» hat Rosenberg diese Begebenheit in seiner Autobiographie «Die Welt im Feuer» geschildert. Ehe die Nationalsozialisten in den dreißiger Jahren seine Flucht in die Schweiz erzwangen, lebte er von 1925 an in strenger Arbeit als Bauer und Handwerker auf der im oberbayerischen Wörthsee gelegenen Insel Wörth. Schon während dieser Zeit, in der er das Neue Testament für sich entdeckte, fand er Zugang zu den im Symbol niedergelegten spirituellen Traditionen der Menschheit, angefangen bei der Astrologie als einer Möglichkeit, von der sinnen-

4 Alfons Rosenberg: *Die Welt im Feuer. Wandlungen meines Lebens*. Freiburg 1983.

haften Anschauung zu den Tiefenschichten von Sinn und Bedeutung im Gang der Menschheitsgeschichte vorzustoßen:

«Einer meiner ersten Versuche hierzu war eine Art Geistesgeschichte der Astrologie: ‹Zeichen am Himmel›, mit der Absicht, die Gnosis der Astrologie mit dem christlichen Glauben zu versöhnen. Diesem Werk folgte die Biographie des einst berühmten, dann vergessenen evangelischen Pfarrers Friedrich Oberlin, Sozialreformer, Pädagoge und Jenseitskundiger im Steintal der Vogesen. Sie wurde ergänzt durch die ‹Seelenreise›, eine Sammlung von Dokumenten über das jenseitige Leben und dessen Wandelzustände aus dreitausend Jahren. Die Kult- und Wirkungsgeschichte des Erzengels Michael in dem Buch ‹Michael und der Drache› war der Vorläufer des zehn Jahre später veröffentlichten grundlegenden Engelbuches ‹Engel und Dämonen›, in das auch noch die Engel der Gegenwartskunst (Klee und Chagall) einbezogen waren.»[5]

Als Exilant in der Schweiz, die ihm bis zu seinem Lebensende zur Wahlheimat wurde, trat Rosenberg in einen vielfältigen geistigen Austausch mit profilierten Gleichgesinnten, die sein Schaffen in mehrfacher Hinsicht bereicherten. Die Freundschaft mit Olga Fröbe-Kapteyn, der Initiatorin der im Jahre 1933 eröffneten internationalen Eranos-Tagungen in Ascona am Lago Maggiore, ermöglichte ihm beispielsweise die Begegnung mit C.G.Jung. Dieser wurde ihm ein Vorbild und ein Lehrer, ebenso der

5 Alfons Rosenberg: *Zeichen am Himmel. Das Weltbild der Astrologie* (1949). München 1984. – Ders.: *Durchbruch zur Zukunft*. München 1957.

Jesuit Hugo Rahner, der als der Begründer und Wiederentdecker einer die antiken Traditionen integrierenden christlichen Symboltheologie gelten kann. Dessen Werk «Griechische Mythen in christlicher Deutung» gab Rosenberg noch in seinem letzten Lebensjahr mit einem einfühlsamen Vorwort versehen heraus. Darin heißt es:

«Die mythische Welterfahrung schlug allenthalben durch und gelangte durch Hölderlin und Novalis zu erneuter Gestalt. Heute – man schreibt das Jahr 1984 – ist es nicht anders. Während die Menge und das Gros der Wissenschaftler noch in der Brühe des Aufklärichts schwimmt, sind einige von ihnen diesem entstiegen, so Walter Heitler, Adolf Portmann, Joachim Illies, Carl Friedrich von Weizsäcker oder die großen Mythologen dieses Jahrhunderts wie Walter F. Otto, Karl Kérényi, Dichter wie Erhart Kästner, Werner Bergengruen und Theodor Däubler, um nur wenige Beispiele zu nennen.»[6]

Man wird nicht fehlgehen, wenn man behauptet, dass der Weg Alfons Rosenbergs durch innere Erfahrungen bestimmt war, die ihn an die esoterischen Überlieferungen der Menschheit heranführten. Seine bereits in jungen Jahren vollzogene Konversion vom Judentum zum Christentum entsprach einer inneren Begegnung mit Christus, die über das konfessionelle Kirchentum, den Protestantismus und den römischen Katholizismus, hinauswies. Jesus, der Jude Jehoschua aus Nazareth, und die Wirkmacht des kosmischen Christus sollten lebenslang das Denken und Schaffen Alfons Rosenbergs bestimmen. Bei seiner Spuren-

6 Alfons Rosenberg im Vorwort zu Hugo Rahner: *Griechische Mythen in christlicher Deutung* (1984). Freiburg 1992, S. XV.

suche stieß er aber auch auf ein vielgestaltiges Geistesgut mystisch-gnostischer Prägung, das er als Herausgeber und Autor in einem Augenblick zu vermitteln versuchte, als die Zeit dafür noch nicht reif zu sein schien, etwa in den fünfziger und frühen sechziger Jahren dieses Jahrhunderts. So betreute er unter anderem die im Münchner Otto Wilhelm Barth Verlag zwischen 1954 und 1960 erschienene zwölfteilige Buchreihe «Dokumente religiöser Erfahrung».

Auf diese Weise machte er weithin vergessene Texte von neuem zugänglich, die als Belege für die lange vernachlässigte esoterische Dimension des Christentums gelten können. Unter ihnen beispielweise Schriften des mittelalterlichen Sehers Joachim von Fiore oder die «Chymische Hochzeit des Christian Rosenkreuz», einer der Grundtexte des neuzeitlichen Rosenkreuzertums[7]. In seinen jeweils eingefügten Erläuterungen ging es ihm darum, das lange unbeachtet gebliebene spirituelle Traditionsgut mit Erfahrungen und Einsichten der Gegenwart in Verbindung zu bringen und suchenden Zeitgenossen zugänglich zu machen. Er hatte gesehen, dass Geschichte nicht geradlinig verläuft, sondern dass in ihr spiralförmig erscheinende Zyklen aufeinander folgen. Auch sei in jedem Augenblick insgeheim schon ein Zukünftiges enthalten, das zur Manifestation drängt. Seine besondere Aufmerksamkeit richtete er immer wieder auf ein qualitatives Zeitverständnis und auf bevorstehende Entwicklungsmöglichkeiten der Christenheit:

7 J.V. ANDREAE: *Die Chymische Hochzeit Christani Rosenkreutz Anno 1459*. Hrg. Alfons Rosenberg. München-Planegg 1957.

«Beunruhigt durch den Einsturz der abendländischen Wertordnung, mit dem Wunsche zu klären, was dem vergehenden Aeon, was dem in die Zukunft weisenden Werden in unseren gegenwärtigen Zuständen angehört, erneuerte ich in dem Werk ‹Durchbruch zur Zukunft› (1958) die bis in die Antike zurückreichende Weltalterlehre, und gelangte dadurch zu fundamentalen Erkenntnissen, die mir eine Prognose für die nächsten Jahrhunderte der europäischen Geschichte erlaubten. – Eine ungeheure Erweiterung meines geistigen Horizontes wurde in mir schließlich durch die Begegnung mit dem Werk Wolfgang Amadeus Mozarts bewirkt. Ein neues Mozartbild liegt meiner Deutung der ‹Zauberflöte› (1964) und darnach des ‹Don Giovanni› (1968) zugrunde.»

Solche kultur- und geistesgeschichtlichen Studien ergänzte Rosenberg durch seine ungefähr gleichzeitig einsetzende Beschäftigung mit der Meditation, speziell mit der Meditation des Kreuzes als eines universellen, gesamtmenschheitlichen Symbols, sowie der «Christlichen Bildmeditation», die er 1955 in einem gleichnamigen Werk zur Darstellung brachte. Vorbereitet und mit den jeweiligen Teilnehmern praktisch eingeübt wurde das meditative Geschehen im Rahmen von zahlreichen Kursen. Da er so früh mit dieser Tätigkeit begann, muss Alfons Rosenberg zu den Wegbereitern der christlichen Meditationsbewegung gezählt werden. Eine ausgedehnte Vortragstätigkeit ergänzte sein schriftstellerisches Schaffen. Der Kreis seiner Schüler und Freunde erhielt von 1958 an die mit einer gewissen Regelmäßigkeit ausgesandten «Flugblätter … Aus der Werkstatt von Alfons Rosenberg». Es handelte sich um Aufsätze, Mitteilungen und Entwürfe, durch die er aus seinem Schaffen berichtete und über ausgewählte Stationen seines Lebenswegs von Fall zu Fall Rechenschaft ablegte. Auf die Frage, was seinem Tun und den Themen seiner zahlreichen Publikationen gemeinsam sei, pflegte er einmal zu antworten:

«Meine Bücher blicken alle von der Grenze, dem irdischen Leben, auf die Mitte der Einung und des Friedens. Und diesem Bezug wollen sie dienen.»

Aufgrund der Einsicht, dass die uns zugestandene Zeit nicht allein eine messbare und damit quantitative Größe darstellt, beschäftigte sich Rosenberg mit dem qualitativen Charakter der Zeit, das heißt mit ihren rhythmischen Gesetzmäßigkeiten und Wandlungsvorgängen, mit der Abfolge von Zeitperioden und Weltaltern. In dem erwähnten Buch «Durchbruch zur Zukunft» hat er 1958 erstmals wesentliche Ergebnisse seiner Studien in einem größeren Zusammenhang niedergelegt. Da heißt es:

«Die Gegenwart, der wir verpflichtet sind, kann heute und niemals nur aus sich selbst begriffen werden. Sie aber nur zu erleiden genügt nicht. Der Mensch ist ein von Gott absichtsvoll in die Welt gesetztes Wesen, darum sind ihm Setzungen, Sinngebungen aufgetragen – und ohne solche, die ihn erst in den größeren Zusammenhang einreihen, verdirbt das Werk seiner Hände. Gerade weil nicht nur die Vergangenheit, sondern auch die Zukunft Quelle der Gegenwart ist, erweist es sich als notwendig, dass sich der Mensch in schöpferischer Überschau über die Gegenwart erhebt und es unternimmt, Entwürfe für die Zukunft bereitzustellen, sei es als rationale Konstruktion oder als irrationale Utopie, deren geschichtsbestimmende Macht sich heute erneut beweist. Wird solches versäumt, besteht die Gefahr, dass der Mensch es nicht mehr vermag, die Gegenwart auf die Zukunft hin zu gestalten.»[8]

Sieht man einmal von den weit ausholenden Darstellungen und Prognosen ab, die Rosenberg in seiner Entfaltung der traditionellen Weltalter-Lehre unternommen hat, dann ist bezeichnend für ihn vor allem der Ausblick, der sich ihm auf die Zukunft der Christenheit ergeben hat. Er spricht geradezu vom «Experiment Christentum», das den ebenso wachen wie zukunftserschlossenen Menschen in der Nachfolge Christi heute aufgetragen und zugetraut sei. Vor vier Jahrzehnten veranstaltete der Publizist Hans Jürgen Schultz im Süddeutschen Rundfunk ebenso umfängliche wie perspektivenreiche Sendereihen, die er unter die Überschriften «Kritik an der Kirche», «Christliches Ketzertum» sowie «Frömmigkeit in einer weltlichen Welt» stellte. Alfons Rosenberg gehörte nicht nur lange Jahre hindurch zu seinem illustren Mitarbeiterkreis, sondern er trat seinerseits mit Entwürfen an die Öffentlichkeit, in denen er darlegte, inwiefern die Christenheit eine Übergangsphase zwischen zwei Zeitaltern durchzustehen habe und worauf sie sich einstellen müsse, wenn sie der an sie gerichteten Herausforderung gewachsen sein wolle.

Mit bloßer Kritik an äußeren Formen des Kirchentums begnügte sich Rosenberg ebenso wenig wie mit einem Aufruf zu einer moralischen Umkehr. Sein für die Phänomene geschärftes Auge richtete sich zum einen auf die «Zeichen der Zeit», deren spirituelle Signatur er zu ent-

8 Alfons Rosenberg: *Durchbruch zur Zukunft*. München 1958, S. 9 f.

schlüsseln versuchte. Zum anderen war er bestrebt, bei seinen Zeitgenossen einen Sinn für das Kommende zu entwickeln, für die wieder zu gewinnende Urgestalt und Zukunft des Christentums:

«Mir wurde durch langjährige religionsgeschichtliche Studien klar, dass auch ein so mächtiger Baum wie die evangelische Botschaft, die sich in der Kirche ausgefaltet hat, aus vielen tiefreichenden Wurzeln gewachsen ist. Mir wurde immer deutlicher, dass das Christentum kein Monolith ist, sondern aus vielen Quellgründen genährt wurde und noch immer genährt wird. Verleugnet man aber in rechthaberischer Orthodoxie die Nährkraft dieser vorchristlichen Quellflüsse, so entsteht ein abstraktes, in intellektueller Dogmatik erstarrtes Christentum, das es nicht mehr vermag, die Herzen zu ergreifen und Begeisterung zu erwecken. Meine Mitgift aber war, als ich – aus dem Judentum kommend – zur Kirche heimfand, die Wiederherstellung der Quellflüsse, aus denen sich die Kirche einst öffentlich nährte, aber auch heute noch insgeheim nährt.»[9]

Mit diesen Worten aus seiner Autobiographie «Die Welt im Feuer – Wandlungen meines Lebens» ist bereits angedeutet, worin Rosenbergs Beitrag zum «Experiment Christentum» bestehen sollte. Da ist zunächst die Absicht, nüchterne Bilanz zu ziehen. Der Autor überblickt die letzten beiden Jahrhunderte, in der das Christentum in einer sich erweiternden Welt «nicht mitgewachsen» sei. Wer dann wie er über einen «Durchbruch zu einem reicheren, größeren Leben, zum umfassenden Christus» nachdenkt,

9 Alfons Rosenberg: *Das Experiment Christentum. Umrisse einer künftigen Christenheit*. München 1969.

der wird sich der spirituellen Enge und Eingeschränktheit der Konfessionskirchen sowie deren rückwärtsgewandten hierarchischen Herrschaftsstrukturen bewusst. Er muss auf Ausblicke und auf Wege sinnen, die ins Offene weisen. Rosenberg dachte über eine «Strukturänderung von Glaube und Kirche» nach. Dabei kam ihm die besondere Fähigkeit zustatten, die Symbolhaltigkeit der Wirklichkeit zu erfassen. Hierfür einige Beispiele:

«Gott tut nicht zweimal das gleiche Ding … Wir ehren heute zwar das Vergangene, bewundern die einstige Größe der Kirche, aber dennoch sind wir im Begriff, von ihrer bisherigen Gestalt Abschied zu nehmen. Auf diesem Wege genügt jedoch nicht die bloße Anpassung der bisherigen Glaubensformen an die neuen Lebensverhältnisse. Das mag vielleicht vordergründig und taktisch richtig sein, doch hindert bloße Anpassung den schöpferischen Akt der Umwertung und Umbildung, der heute von uns gefordert ist … Es ist darum bereits zu spät, bloß zu reformieren.»

Auf die Frage, wie sich der gemeinte Strukturwandel zur Verdeutlichung ins Bild setzen lasse, antwortet Rosenberg mit einem Vergleich:

«Bisher hat sich die Kirche unter den evangelischen Bildern vom Felsen und vom Baum verstanden: als den harten, unzerstörbaren, allerdings auch unlebendigen und unwandelbaren Felsen einerseits, andererseits als den aus einem Senfkorn bis in den Himmel wachsenden Baum des Lebens. Die Gegensätze von Unwandelbarkeit und Wachstum waren bisher die Grundprinzipien der Kirche. Ein drittes evangelisches Symbol trat jedoch noch nicht ins Blickfeld: das bewegliche Netz, das weder unwandelbar ist noch einem Wachstumsgesetz untersteht.»

Das heißt doch: Die Christenheit und der christliche Glaube der Zukunft werden einem solchen Netz gleichen, das – mehr unsichtbar als sichtbar – ins stürmische Meer der Welt gesenkt wird, ein Fischernetz von besonderer Art. Die Kirche der Zukunft wird daher nicht länger ein in sich gefügtes, ein statisch-starres Gebilde bleiben können, als das sie sich je nach Konfession und Frömmigkeitsstil heute darstellt. Sie wird sich einem grundlegenden Wandlungsprozess unterziehen müssen. – Nun haben Bilder und Symbole ihre eigene Logik. Das zeigt sich, wenn Rosenberg fortfährt:

«Ein Netz ist wesentlich labiler ... Fels und Baum haben Gestalt und Schönheit. Dem Netz ermangeln diese. Die Kirche als Fels und Baum präsentiert sich durch ihre Erscheinung. Sie kann sich selbst verherrlichen und hat dies in sowohl großartiger wie hybrider Weise im Laufe ihrer Geschichte immer wieder getan. Das Netz aber ist seiner Funktion nach dann am gemäßesten, wenn es unsichtbar wird. Dennoch wird die künftige Kirche auch keine abstrakte ecclesia spiritualis, keine lebensferne ‹Geistkirche› sein, denn der Geist manifestiert sich in konkreten Gestalten. Er manifestiert sich nicht als bloße dogmatische Form, sondern als eine lebenerzeugende Dynamis.»[10]

Im Laufe der Jahrhunderte, auch während der letzten Jahrzehnte, sind immer wieder prophetische Gestalten, «Rufer in der Wüste», auf den Plan getreten. Die Summe ihrer Einsichten und Erkenntnisse hat sich nicht immer in spektakulärer Weise ausgewirkt. Das trifft auch auf Alfons Rosenberg zu, der sich bei seinem Tun ein Wort Martin Bubers zu eigen gemacht hat. Es ist ein Wort, das

10 Alfons Rosenberg: A.a.O. S. 57 f.

den Kritiker an der in die Krise geratenen Kirche wie den in die Zukunft Blickenden auf jedes Erkenntnismonopol verzichten und Bescheidenheit üben lässt. Buber sagt beispielweise:

«Ich habe keine Lehre. Ich zeige nur etwas. Ich zeige Wirklichkeit, ich zeige etwas an der Wirklichkeit, was nicht oder zu wenig gesehen worden ist. Ich nehme ihn, der mir zuhört, an der Hand und führe ihn zum Fenster. Ich stoße das Fenster auf und zeige hinaus. Ich habe keine Lehre, aber ich führe ein Gespräch.»

So wollen Rosenbergs Ausführungen zu dem «Experiment Christentum» immerhin als Gesprächsbeiträge und als Fingerzeige verstanden werden. Zunächst eine weitere nüchterne Feststellung:

«Die Erwartung der ‹Zukunft des Christentums›, im Wissen um die Vergänglichkeit der historischen Formen der Kirche, kann sich trotz möglicher sachlicher Argumentation im Grunde nur auf die Verheißung Christi berufen: ‹Himmel und Erde werden vergehen, aber mein Wort wird nicht vergehen›. Sich daran erinnernd kann man getrost dem Wandel der Formen des christlichen Glaubens entgegensehen ... Wir gehen keineswegs einem idealen Weltzustand entgegen, sondern einem Massenzeitalter, innerhalb dessen sich der Einzelne, so sehr für ihn gesorgt wird, nur mit Mühe und Unbehagen wird behaupten können.»

Es war Emil Brunner, der einst an der Seite Karl Barths stand und dessen Vorlesungen Rosenberg an der Universität Zürich gehört hatte. Er, Brunner, machte einst darauf aufmerksam, dass die Theologen aus den Traditionskirchen «das Monopol der Christusverkündigung längst verloren» hätten. Die Gültigkeit dieses Wortes steht außer Frage. Rosenberg hält den Strukturwandel der Kirchen, der sich zumindest langsam anzubahnen scheint, für notwendig, weil die Klerikerkirche ebenso wie die immer noch dominierende Theologenkirche abgewirtschaftet haben. Die hierarchische Exklusivität, die maßlose Überbewertung des Priestertums beim Vollzug der Sakramente sowie die ethische Bevormundung der Gemeinde im Katholizismus, aber auch die immer fragwürdiger werdende Dominanz einer entspiritualisierten Theologie im Protestantismus stehen im eklatanten Widerspruch zum Evangelium. Ein ganz anderer Wesenszug christlicher Verwirklichung ist für die Zukunft angezeigt:

«Am Ende der Neuzeit wächst aus dem Verborgenen, von der Sehnsucht Zahlloser heraufbeschworen und genährt, eine dritte Weise der Kirche unter uns auf. Ihr Same ist über die ganze Christenheit ausgestreut, ja, es hat den Anschein, als sei er auch teilweise auf die Saatfelder der Nichtchristen gefallen. Es ist dies die Bruder-Kirche – falls die Verbindung von Bruderschaft und Kirche künftig noch angebracht sein wird. Es ist dies die Gemeinschaft der durch Christus als Brüder und Schwestern Zusammengeführten.»[11]

Von daher ergeben sich mancherlei Konsequenzen, die sich in mehrfacher Hinsicht ergänzen müssen. Es sind Folgerungen, die sich für die Wiedergeburt des Gottesbildes und der Christusanschauung ebenso ergeben wie für die Weise der Schriftauslegung und der Verkündigung, nicht zuletzt für das gemeinsame Leben derer, die in

11 A.a.O. S. 70 f.

Christus zu einer geistlichen Gemeinschaft verbunden sind.

Gehen wir noch auf einige der bei Rosenberg näher ausgeführten Gesichtspunkte ein. Da ist zunächst das Gottesbild als solches, das wie jede menschliche Vorstellung von Zeit zu Zeit der Veränderung unterworfen ist:

«Gottesbilder können sterben, wenn sie nicht mehr imaginiert werden können, wenn die inneren und äußeren Voraussetzungen, die ihr Hervorgehen ermöglicht und bedingt haben, geschwunden sind ... Gott als Bild, Vorstellung und Botschaft kann nur so lange sinngebend wirken, als er auf das Ganze des Lebens bezogen werden kann ... Aber das Gottesbild stirbt, das heißt, es verliert seine seelenergreifende Kraft und hört auf, durch numinose Mächtigkeit Menschen zu binden und zu verpflichten, wenn es vom Ganzen abgespalten, zum Beispiel nur noch auf ein Volk oder nur auf die innere Welt bezogen ist. Dann wird Gott unverständlich und schließlich sinnlos. Doch nur, wenn der Mensch die Macht, die sein Leben bestimmt, als sinnvoll erfährt, wird er bereit sein, die ‹Last Gottes› auf sich zu nehmen, und sich in die durch tätigen Glauben sich verwirklichende Gemeinschaft einfügen.»[12]

Von daher fällt Licht auf die Gestalt Jesu. Auch sein Bild, die Vorstellung, die wir uns von diesem in vieler Hinsicht geheimnisvollen und rätselhaften Mann aus Nazareth machen, ist im Gang der Zeiten der Wandlung unterworfen. In seinem Fragment gebliebenen Jesus-Buch «Jesus der Mensch» widerspricht der selbst aus dem Judentum kommende Autor energisch einer heute wieder

12 A.a.O. S. 87.

gängigen Rejudaisierung des Nazareners. Er widerspricht damit der nicht allein dem von jüdischen Schriftstellern unternommenen Versuch seiner «Heimholung in den Geist- und Volksbereich des Judentums, das er auf so nachdrückliche Weise hinter sich gelassen» hat, und zwar bis in seinen Tod hinein. Welch anderer, welch neuer Aspekt ist dann der Gestalt Jesu abzugewinnen, damit sie, heutigem Bewusstsein gemäß, in einem neuen Licht erstehen kann? Die Antwort lautet:

«Es ist nun einmal so, dass die alten Christusbilder verblassen, ein Prozess, dessen Verlauf von Jahrzehnt zu Jahrzehnt beschleunigter verläuft. Große, erhabene Bilder von Jesus sind in den vergangenen Jahrhunderten am Horizont des menschlichen Bewusstseins und der Imagination emporgestiegen. Nun sind sie über die Höhe des Bewusstseins gewandelt und sanken dann unter den abendlichen Horizont wieder hinab. Die Kirche kann jene großen Christusbilder, durch welche bisher Kunst, Ritus, Moral und Sozialverhalten geprägt wurden, nicht mehr glaubwürdig herstellen. Wenn Jesus noch künftig als Leitstern des Menschseins wirken soll, bedürfen wir einer neuen Anschauung der unausschöpflichen Gestalt dieses großen Menschen. Ob und wie die Kirche künftig sein wird, ist dabei von sekundärer Bedeutung. Denn Jesus wirkt auch über die Kirche hinaus, aber die Kirche wird ihres Kernes ledig, wenn sie Jesus in ihre alten, einmal gültigen Vorstellungen einsargt.»[13]

Wie verhält es sich mit der Bibel Alten und Neuen Tes-

13 Alfons Rosenberg: *Jesus, der Mensch. Ein Fragment*. München 1986, S. 16.

taments? Bedarf nicht auch sie einer neuen Einstellung des Lesers, damit aus den uns überkommenen irdenen Gefäßen etwas von der unerschöpflichen Botschaft von neuem zugänglich werden kann? – Was die Schriftauslegung anlangt, so ist im Laufe von Jahrhunderten ein Höchstmaß an philologischer und theologisch-exegetischer Gelehrsamkeit auf die ältesten Glaubenszeugnisse der Christenheit angewandt worden. Der von der historisch-kritischen Schriftforschung erbrachte wissenschaftliche Ertrag förderte jedoch offensichtlich nicht ein inneres Verständnis für das «Wort in den Wörtern». Er trug vielmehr dazu bei, dass der geistliche Gehalt des göttlichen Wortes mehr und mehr in den Hintergrund trat. Wie soll die «viva vox Evangelii», die lebendige Stimme des Evangeliums, zum Menschen sprechen, wenn lediglich nach historischer Echtheit, nach Entstehungszeit und Überlieferungsform gefragt wird? Weil Alfons Rosenberg symbolkundig und im Jungschen Sinne tiefenpsychologisch geschult sich darin übte, die biblische Botschaft auf sich wirken zu lassen, gewann er Einblicke in die spirituellen Tiefenschichten des Neuen Testaments. Mit Joachim von Fiore, dem mittelalterlichen Seher, lernte er, auf das «ewige Evangelium» acht zu haben, das aus den Aufzeichnungen der Evangelisten spricht[14]. Er fühlte sich mit jenen verbunden, die sich der esoterischen, das heißt inneren Dimension des evangelischen Wortes zuwandten. Es sind dieselben, für die Pistis und Gnosis, nämlich Glaube und Erkenntnis, auf einander bezogen bleiben. Mit

14 Joachim von Fiore: *Das Reich des Heiligen Geistes*. Hrg. Alfons Rosenberg. München-Planegg 1955.

Gnosis meint Rosenberg jedenfalls die der religiösen Erfahrung angemessene Erkenntnisart. Daher seine These:

«Ein – so verstandenes – gnostisches Verständnis, ein Verständnis der Tiefendimension der Evangelien, ihre spirituelle Interpretation scheint der einzige Ausweg zu sein aus dem «Gott-ist-tot-Sumpf» (vor dem einst der amerikanische Theologie Harvey Cox gewarnt hat) ... Die Wiedergewinnung der Ganzheit, der Erkenntnis des Lebens aus der Mitte ... ist im übrigen die dringlichste Aufgabe für diese Zeit. Sollte ihre Lösung – wider Erwarten – nicht gelingen, gehen wir der Atomisierung nicht nur der Kultur und der Religion, sondern auch des Menschen entgegen.»[15]

Angesichts des Zerfalls der personalen Beziehungen unter den Menschen, auch angesichts der immer bedrohlicher werdenden Pseudo-Kommunikation via Internet, die in absehbarer Zeit katastrophale Auswirkungen annehmen dürfte, wird schließlich ein anderer Zukunftsaspekt wichtig. Hatte einst Platon verkündet: «Gott bringt den Freund zum Freunde», so blickt Alfons Rosenberg prophetisch-sehnsuchtsvoll nach der Heraufkunft der Freundschaft, wie sie im Johannesevangelium verheißen ist: «Ich nenne euch nicht mehr Knechte ... Ich nenne euch Freunde, denn alles, was ich vom Vater gehört habe, das habe ich euch kundgetan», sagt Jesus. Und weiter: «Niemand hat größere Liebe als die, dass er sein Leben hingibt für seine Freunde!» Und eine der drei Liebesfragen, die der Auferstandene bald prüfend, bald ermunternd an Petrus

15 Zum Zusammenhang von Dogmen, Gnosis und Theologie vgl. Alfons Rosenberg: *Experiment Christentum* 164 – 174.

richtet, lautet: «Phileis me – bist du mein Freund?» – So geht es um die johanneische Philia, um die Freundschaftsgestalt menschlicher Beziehung, die als Ziel einer großen Sehnsucht, als eine Lebensnotwendigkeit angesichts der genannten Gefährdungen für die Zukunft christlicher Existenz unverzichtbar geworden ist. Rosenberg bemerkt hierzu:

«Zwar hat Jesus die Geschlechterliebe keineswegs abgewertet. Er weiß um ihre fundamentale Bedeutung. Aber dennoch verkündet er über sie hinaus, als Mitte zwischen der Geschlechterliebe und der geistigen Liebe jene ‹dritte Weise› der Liebe, den ‹Eros uranios›, der in der Freundschaft menschliche Wirklichkeit wird und in dessen Realisation der Mensch erst zur Fülle seines Menschseins gelangt, zum Frieden mit Gott, mit sich und dem Nächsten.»[16]

Wie diese zwischenmenschliche Beziehungskraft erprobt und ins konkrete Leben übertragen werden kann, lässt sich nicht durch normsetzende Vorgaben bestimmen. Diese Freundschaft, die im Laufe der Menschheitsgeschichte – bald gelingend, bald scheiternd – bereits vielfältige Formen erlebt hat, entspricht einer einzigen großen Einladung zu spirituell-realer Umsetzung. Sie gehört jedenfalls zu jenem in den Blick gefassten «Experiment Christentum», das mit dem Wandel unseres Gottes- und Christusbildes ebenso korrespondiert wie mit der Bemühung um ein spirituelles Verständnis des Evangeliums. Wohl ist einzuräumen, dass Jesus als Verkünder

16 Ders. A.a.O. S. 98.

und Inbegriff der Philia, dieser Gottes- und Menschenfreundschaft, bisher nur von wenigen, dafür charismatisch Begabten erahnt und verwirklicht worden ist. Einzuräumen ist ferner, dass das Verlangen nach existentieller Freundschaft seinerseits gefährdet ist, durch Selbsttäuschung wie durch Verkennung jeglicher Art. Und doch hat Alfons Rosenberg Fragen gestellt, Zeichen gesetzt und Hinweise gegeben, die ermutigen. Prüfen wir doch, inwiefern auf der Schwelle zum dritten Jahrtausend gilt, was er bereits vor dreieinhalb Jahrzehnten niedergeschrieben hat:

«Wir stehen in einer Weltrevolution des Evangeliums und seines Verständnisses, mitten in der Revolution der Liebe – im Anbruch eines Zeitalters der Freundschaft.»[17]

17 Ders. A.a.O. S. 101.

Über den Autor

DR. THEOL. h.c. GERHARD WEHR, geb. 1931 in Schweinfurt/Main, lebt als freier Schriftsteller in Schwarzenbruck bei Nürnberg. Von ihm liegen zahlreiche Veröffentlichungen zur neueren Geistesgeschichte und christlichen Mystik vor. Darunter befinden sich Biographien über Martin Buber, C.G. Jung, Rudolf Steiner, Karlfried Graf Dürckheim, Jean Gebser, Helena Petrovna Blavatsky. Er ist Herausgeber zahlreicher Quellenwerke zur christlichen Mystik, speziell von Jakob Böhme. Ein Großteil seiner Werke ist in mehrere europäische und asiatische Sprachen übersetzt.
Zuletzt erschienen: *Jakob Böhme. Inspiration und Wirkung in der deutschen Geistesgeschichte* (Marix Wiesbaden 2010). – *Christliche Mystiker. Von Paulus und Johannes bis Simone Weil und Dag Hammarskjöld* (Pustet Regensburg 2008). – *«Nirgends, Geliebte, wird Welt sein als innen.» Mystik im 20. Jahrhundert.* (Gütersloher Verlagshaus 2011). – *Angelus Silesius. Kommentierte Texte* (Marix Wiesbaden 2011). – *«Das Geheimnis des Lebens ist zwischen Zweien verborgen». C.G.Jung in seinen Briefen* (Opus magnum, Stuttgart 2011).

Gerhard Wehr – Werkauswahl

Gütersloher Verlagshaus:

Martin Buber – Leben, Werk, Wirkung

«Nirgends, Geliebte, wird Welt sein als innen» – Mystik im 20. Jahrhundert

Friedrich Pustet Verlag Regensburg:

Christliche Mystiker – Von Paulus und Johannes bis Simone Weil und Dag Hammarskjöld

Unterwegs zu sich selbst – Abenteuer der Lebensmitte (topus-Taschenbuch 704)

Eugen Diederichs Verlag München:

Spirituelle Meister des Westens – Von Rudolf Steiner bis C.G. Jung

Telesma Verlag Schwielowsee:

Carl Gustav Jung – Leben, Werk, Wirkung. 3. erw. Aufl.

Anaconda Verlag Köln:

Die Deutsche Mystik

Lexikon der Spiritualität

Gnosis, Gral und Rosenkreuz – Esoterisches Christentum von der Antike bis heute

Die Bruderschaft der Rosenkreuzer – Die Originaltexte
Meister Eckhart – Vom Adel der Seele
Jakob Böhme – Die Morgenröte bricht an

Marix Verlag Wiesbaden:
Jakob Böhme – Ursprung und Wirkung in der deutschen Geistesgeschichte
Meister Eckhart – Texte und Kommentar
Mechthild von Magdeburg «Das fließende Licht der Gottheit»
Angelus Silesius – Texte und Kommentar
Nicolaus Cusanus – Texte und Kommentar
Thomas von Kempen «Nachfolge Christi»
Martin Luther – Mystik und Freiheit des Christenmenschen

In Vorbereitung:
Jakob Böhme – Aurora oder Morgenröte im Aufgang
Jakob Böhme – Christosophia
Jakob Böhme – Theosphische Sendbriefe

Opus Magnum Stuttgart:
«Das Geheimnis des Lebens ist zwischen Zweien verborgen» – C.G.Jung in seinen Briefen
Selbst-Werdung und religiöse Erfahrung – Analytische Psychologie und Spiritualität
Christentum und Analytische Psychologie – Nachfolge Christi als Verwirklichung des Selbst
Der Chassidismus – «Gott in der Welt lieben»

Edition Pleroma Frankfurt:
Heilige Hochzeit – Symbol und Erfahrung menschlicher Reifung
Christian Rosenkreuz – Urbild und Mysterium der Rosenkreuzer

Pforte Verlag Dornach:

Helena Petrovna Blavatsky – Eine moderne Sphinx

Junius Verlag Hamburg:

Paul Tillich – Zur Einführung

Die Graue Edition, Zug/Schweiz:

Theo-Sophia – Christlich-abendländische Theosophie, eine vergessene Unterströmung

Verlag Urachhaus Stuttgart:

Friedrich Rittelmeyer – Sein Leben. Religiöse Erneuerung als Brückenschlag

Hilmar von Hinüber – Ein sozialer Revolutionär. Leben und Werk

Rowohlt Verlag Reinbek:

C.G.Jung in Selbstzeugnissen und Bilddokumenten (rm 152)

Jakob Böhme in Selbstzeugnissen und Bilddokumenten (rm 179)

Thomas Müntzer in Selbstzeugnissen und Bilddokumenten (rm 188)

Meister Eckhart in Selbstzeugnissen und Bilddokumenten (rm 376)

Onomato Verlag Düsseldorf:

Martin Luther

Giordano Bruno

Bücher von Konrad Dietzfelbinger

Apokryphe Evangelien aus Nag Hammadi
270 S., Broschur, ISBN 978-3-9807847-3-3

Schöpfungsberichte aus Nag Hammadi
360 S., Broschur, ISBN 978-3-938156-17-9

Erlöser und Erlösung. Texte aus Nag Hammadi
410 S., Broschur, ISBN 978-3-9807847-4-0

Erleuchtung, Texte aus Nag Hammadi
290 S., Broschur, ISBN 978-3-938156-20-9

Erlösung durch Erkenntnis – Die Gnosis
264 S., Broschur, ISBN 978-3-938156-12-4

Die Bibel
119 S., Broschur, ISBN 978-3-7205-2265-6

Der spirituelle Weg des Christentums
Das Markusevangelium als Modell
645 S., Leinen, ISBN 978-3-938156-10-0

Die Geburt des wahren Selbst im Menschen
Die Botschaft Jesu für unsere Zeit im Lukasevangelium
516 S., gebunden, ISBN 978-3-936486-28-5

Jesus – der vollkommene spirituelle Mensch
Mysterienweisheit im Johannesevangelium
387 S., gebunden, ISBN 978-3-86616-084-2

Mysterienweisheit im Johannesevangelium
116 S., gebunden, ISBN 978-3-938156-13-1

Judas – Verräter oder Held
Ein Lehrstück über das Böse
68 S., Broschur, ISBN 978-3-9807847-8-8

Die hochheilige Trinosophia (dreifältige Weisheit)
Leopold-Georg Graf von Saint-Germain
Übersetzt und erläutert von Konrad Dietzfelbinger
421 S., gebunden, ISBN 978-3-938156-19-3

Mysterienschulen des Abendlandes
Vom alten Ägypten bis zu den Rosenkreuzern
600 S., gebunden, ISBN 978-3-938156-16-2

Die Geistesschule des Goldenen Rosenkreuzes
– Lectorium Rosicrucianum –
Eine spirituelle Gemeinschaft der Gegenwart
227 S., Klappenbroschur, ISBN 978-3-938156-08-7

Dhammapada
Der Wahrheitspfad
Karl Eugen Neumann
Hrsg.: Konrad Dietzfelbinger
112 S., Broschur, ISBN 978-3-9807847-6-4

Das Evangelium des Buddha
Erzählt von Paul Carus
Hrsg.: Konrad Dietzfelbinger
445 S., gebunden, ISBN 978-3-9807847-9-5

Pythagoras
Spiritualität und Wissenschaft
291 S., Broschur, ISBN 978-3-9807847-5-7

Königsdorfer Verlag